ROBERT SULZBERGER

111 Tipps gegen Schnecken

blv

Inhalt

Einleitung: Schnecken - die Schrecken des Gärtners

Zu Tausenden kriechen sie des Nachts heran, lautlos jede auf großem Fuße, und lehren den Gärtner das Grauen. Es befällt ihn am Morgen, nach einer feuchtwarmen Nacht, beim Blick auf seine zarten Pflanzenschützlinge: Größere Blätter weisen Schleimspuren und Fraßstellen auf, die schnell auch von Fäulnisorganismen befallen werden und sich nur noch für den Kompost eignen. Von jüngeren Pflänzchen sind lediglich Gerippe übrig. In manchen Aussaatreihen herrscht gähnende Leere - die Keimlinge wurden mit flinken Reibezungen ratzekahl abgeraspelt. Der feinfühligste Biogärtner kann in solchen Momenten seine Contenance verlieren: Er beschließt, seine grünen Freunde zu rächen, und erklärt den schleimigen Kriechtieren den Krieg.

Krieg oder Harmonie mit der Natur?

Bei einem solchermaßen geschädigten Gärtner wird man mit harmonisierenden Phrasen auf wenig Verständnis stoßen. Trotzdem: Auch Schnecken nehmen im Ökosystem eine sinnvolle Aufgabe wahr, indem sie organische Abfälle zerkleinern und somit an der Entstehung von Humus mitwirken. Auch Schnecken sind Teil unserer Schöpfung.
Ein Naturforscher aus der Eifel propagiert in seinen Seminaren die »Kooperation des Menschen mit der Natur«. Er geht davon aus, daß man das Dasein der Schädlinge akzeptieren sollte und ihr Verhalten in meditativen Gesprächen so beeinflußen kann, daß ein harmonisches Miteinander-Leben möglich ist. - Nicht jeder wird mit seinem Verständnis für die Schnecken so

weit gehen können oder wollen. Dennoch sollte man selbst in vermeintlicher Notwehrsituation im Auge behalten, daß Gewalttätigkeiten die Atmosphäre vergiften - auch im Garten.

Es genügt heute aber auch nicht mehr, auf das natürliche Gleichgewicht hinzuweisen, das der Gärtner durcheinandergebracht habe: Dieses Gleichgewicht wurde durch Einschleppung einer Schneckenart empfindlich gestört. Und diese Störung müssen nun die Gärtner ausbaden; Biogärtner noch mehr als konventionelle, denn manche ihrer Methoden fördern geradezu die Ansiedlung von Schnecken.

Radikales Umdenken und manchmal auch harsche Maßnahmen lassen sich auf den ersten Blick kaum vermeiden. Wenn man die schlimmsten Kalamitäten abwenden konnte, empfiehlt es sich, des weiteren vor allem auf vorbeugende und abwehrende Maßnahmen zu setzen. Zu alledem finden sich in diesem Büchlein 111 praktische Tips, zu deren Umsetzung wir viel Erfolg wünschen.

Kahlgefressene Pflänzchen und Schleimspuren sind unverkennbare Kennzeichen für unerwünschten Schneckenbesuch.

Kleine Schneckenkunde

Die Weichtiere (Mollusken) sind nach den Gliederfüßern der zweitgrößte Stamm des Tierreichs. Unter ihnen stellen die Schnecken (Gastropoda=Bauchfüßer) mit über 100.000 Arten, davon über 2000 Landschnecken in Europa, die größte Klasse. Von den ursprünglichen Meeresbewohnern mit Kiemen haben sich die Lungenschnecken (Pulmonata) herausgebildet. Darunter wiederum gibt es neben den Gehäuse- auch die Nacktschnecken, bei denen das Gehäuse nur noch unter der Haut als rudimentäres Schutzschild vorhanden ist.

Aus der Nähe betrachtet

Die Weichtiere besitzen eine durchlässige Haut und müssen ständig Feuchtigkeit aufnehmen, damit sie nicht austrocknen; Hitze und Trockenheit werden nur in geringem Umfang vertragen. Das Schleimsekret, das aus einer Drüse unterhalb des

Die wichtigsten Körperteile der Nacktschnecken - wichtig für Verständnis und Identifizierung der Übeltäter.

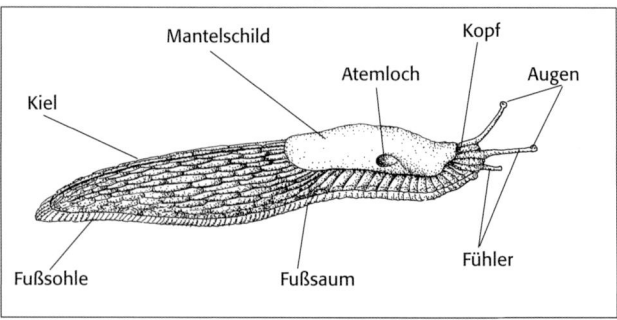

Kopfes abgesondert wird, dient hauptsächlich zur Fortbewegung. Seine Schutzwirkung hat auch Grenzen: Trockene, vor allem saugfähige Unterlagen können nur in beschränktem Umfang überwunden werden.

Bei den Landschnecken befinden sich an den Fühlerspitzen kaum erkennbar die Augen, mit denen sie nur schemenhafte Hell/dunkel-Kontraste sehen können. In der Mundhöhle wird die Nahrung mit Hilfe der Radula zerkleinert, einer mit Zähnchen besetzten, raspelartig wirkenden Reibezunge.

Das Mantelschild, eine glatte, hervorgehobene Fläche auf der Oberseite hinter dem Kopf, ermöglicht in vielen Fällen die Bestimmung der Schneckenart; auf dessen rechter Seite hat das Atemloch seinen Sitz.

In dem spiraligen, meist rechtsgewundenen Gehäuse befindet sich dauerhaft der Eingeweidesack. Zum Überdauern kalter oder trockener Perioden, aber auch bei Gefahr zieht sich die Schnecke in ihr Haus zurück. Häufig kann die Öffnung zusätzlich mit einem Schleimfilm verschlossen werden.

Nacktschnecken sind mangels Gehäuse **auf feuchte Schlupfwinkel angewiesen**, damit sie nicht auf Dauer austrocknen. Andererseits fällt es ihnen ohne das Haus leichter, sich in Erdritzen zu verkrümeln; selbst graben können sie nicht. Außerdem finden sie tagsüber Schutz in Moos und anderen bewachsenen schattigen Stellen, unter lockeren Steinen und Laub, insbesondere unter Hecken sowie am Kompost.

Nur etwa ein Dutzend Arten gehören zu den Schadschnecken, die während ihrer meist nächtlichen Aktivitäten pro Tag bis zu 50 Prozent ihres Körpergewichts vertilgen können. In den letzten Jahren hat sich eine Gattung besonders unangenehm bemerkbar gemacht und die Gärtner zur Verzweiflung gebracht: die Wegschnecken (*Arion*), insbesondere die seit den 70er Jahren eingeschleppte Spanische Wegschnecke, *Arion lusitanicus*.

Nicht ohne: Das Liebesleben der Schnecken

Schnecken sind in unseren Kategorien Zwitter: Sie besitzen beiderlei Geschlechtsorgane. Dadurch produziert jeder der beiden Geschlechtspartner zahlreichen Nachwuchs.
Die Geschlechtsöffnung befindet sich auf der rechten Seite des Halses, nicht weit hinter den Tentakeln. Wenn sich zwei passende Partner gefunden haben, so beginnt ein leidenschaftliches Liebesspiel, bei dem sie ihre sonstige Vorsicht über Bord werfen und sich auch auf ungeschütztem Terrain hingeben: Sie umkriechen sich in immer enger werdenden Kreisen und berühren sich eine zeitlang vorsichtig, um währenddessen ihr gemeinsames Bett in Form einer dicken Schleimschicht zu bauen. Gehäuseschnecken stimulieren sich

Beim Vorspiel bauen sich verliebte Nacktschnecken das Bett für den nachfolgenden Spermienaustausch.

Nach der Befruchtung können beide Geschlechtspartner bis zu mehrere hundert Eier legen.

dabei gegenseitig, indem sie den Partner mit sogenannten Liebespfeilen pieksen; nackte Schnecken haben diese Stimulans offensichtlich nicht nötig.

Beim Geschlechtsakt schmiegen sich die Schnecken aneinander, um ihre Spermiensäckchen auszutauschen und in einem gesonderten Organ zu lagern. Erst wenn die Eier fertig entwickelt sind, werden die Spermien zu deren Befruchtung freigegeben.

Im Sommer schlüpfen die meist durchscheinenden Jungtiere nach wenigen Wochen aus den Eiern, indem sie die Schale durchfressen. Sie ähneln in ihrer Form bereits den ausgewachsenen Schnecken. Die im Herbst abgelegten Eier überdauern an geschützten Stellen den ganzen Winter. Aus ihnen schlüpfen die Schneckenbabies erst bei milderer Frühlingswitterung.

Die bedeutsamsten Schnecken-Arten

Große Wegschnecke
(*Arion ater* und *A. rufus*)

Hier handelt es sich um zwei der größten Nacktschnecken und wichtigsten Schädlinge: Die Großen Wegschnecken werden in Einzelfällen bis 18 cm lang. *A.rufus* ist rötlicher und mehr im Süden Mitteleuropas verbreitet, *A.ater* ist dunkler, mehr graubräunlich und hauptsächlich in nördlicheren Regionen beheimatet. Das deutlich sichtbare Atemloch sitzt rechts vor der Mitte des Mantelschilds. Der Rücken ist rundlich, ohne Kiel.
Sie kommt in allen Arten von dichtem, feuchtigkeitsspeicherndem Bewuchs vor, in Wiesen und unter Gehölzen, auf sauren

Die Große rote Wegschnecke tritt - im Gegensatz zur schwarzen - häufiger im Süden Mitteleuropas auf.

und auf neutralen Böden. Im Garten nutzt sie alle sich bieten-den Schlupfwinkel - Erdspalten an Mäuerchen, Bretter, Blu-mentöpfe und vieles mehr.

Die Großzahl schlüpft an einem der ersten warmen Frühlings-tage im März/April aus den überwinterten, weißen, mit bloßem Auge gut sichtbaren Eiern. Die ebenfalls weißen Jung-tiere sind noch weniger als 1 cm groß und fressen sich bis Juli zu einem erwachsenen Exemplar heran.

An der Bodenoberfläche nehmen diese Allesfresser sowohl Pflanzen als auch tierisches Aas zu sich. Auf diese Weise sor-gen sie häufig selbst dafür, daß am Abend massakrierte Artge-nossen am nächsten Morgen nicht mehr zu sehen sind. Lieb-lingsspeisen sind allerdings zarte Jungpflänzchen und welke Pflanzenteile. Dafür legen sie jede Nacht notfalls mehrere Me-ter Weg von ihrem Unterschlupf zurück.

Im September ist Paarungszeit. Frühestens im Oktober wer-den die Gelege mit rund 150 Eiern abgelegt; diese Zahl kann um 100 nach unten wie nach oben abweichen. Älter als ein Jahr wird die Große Wegschnecke nicht.

Garten-Wegschnecke (*Arion hortensis*)

Dieser Kulturfolger ist in ganz Europa verbreitet. Er ist dunkel-braun bis schwärzlich gefärbt, mit etwas helleren Seitenbin-den, und an der gelb bis orange gefärbten Sohle eindeutig zu identifizieren. Die Form des Rumpfes sowie der Sitz des Atemlochs entspricht der Großen Wegschnecke. Da sie nur bis zu 4 cm lang wird, bleibt auch der Schaden wesentlich ge-ringer als bei der großen Schwester. Außerdem bevorzugt sie Samen, Wurzeln und Knollen, da sie sich bevorzugt unter der Bodenoberfläche aufhält.

Garten-Wegschnecken fressen sich erst im späten Frühling (Mai/Juni) durch die Hülle der milchig-weißen Eier, etwa ab

Die deutlich kleinere Garten-Wegschnecke lebt und frißt hauptsächlich unter der Bodenoberfläche.

August sind sie ausgewachsen. Sie bleiben in der Regel seßhaft, denn sie sind wesentlich weniger wanderfreudig als Große Wegschnecken. Im Herbst kommen sie immer öfter an die Bodenoberfläche, um Pflanzenabfälle zu vertilgen. Die Eiablage in Gelegen von bis zu 80 Stück findet hauptsächlich im November/Dezember statt.

Spanische Wegschnecke, Kapuzinerschnecke (*Arion lusitanicus*)

Dieser ursprünglich aus Portugal stammende Einwanderer ähnelt sehr der Großen Wegschnecke. Er wurde seit Mitte der 60er Jahre bei EG-Transporten gemeinsam mit Pflanzen und Früchten eingeschleppt. Auch *Milax*-Arten aus dem Mittelmeerraum wurden in diesem Zeitraum eingeführt. Mittlerweile verbreitet sie sich unaufhaltsam, bis hinauf nach Südlappland. Wiewohl aus der Heimat ein wärmeres Klima gewöhnt, kommt den Weichtieren die feuchtkühle Witterung Mitteleuropas sehr entgegen. In ihrer Lebensweise hat sich *Arion lusita-*

nicus inzwischen so angepaßt, daß die heimischen Wegschnecken verdrängt werden. In den Gärten Süddeutschlands
dürften mittlerweile zu 90 Prozent *Arion lusitanicus* für die
Schäden verantwortlich sein.

Die erwachsenen Tiere sind meist schmutzig graugrün gefärbt,
auch dunkelrot bis braun, oft mit Seitenbinden. Nur geringfü-
gig kleiner (um die 10 cm) als *Arion rufus*, lassen sich die beiden Arten kaum auseinanderhalten. Am besten gelingt dies
anhand der Jungtiere bis etwa 1 cm Größe: Während die der
heimischen Art weißlich sind, erscheinen die von *Arion lusitanicus* grau-braun-gelblich-orange gestreift.

Die Vermehrung erfolgt zweimal im Jahr mit bis zu 400 Eiern
pro Tier. Viele Jungtiere schlüpfen schon im Herbst und verkriechen sich zum Überwintern. Ein später Kälteeinbruch im
Frühling (März) kann sie dezimieren. Aber von den natürlichen Schneckenfeinden werden sie kaum vertilgt, weil sie

**Nur als Jungtier gut von der Großen Wegschnecke zu unter-
scheiden, aber widerstandsfähiger: die Spanische Wegschnecke.**

zäher und schleimiger sind als die heimischen Arten und auch noch teuflisch bitter schmecken. Lediglich die Igel sind so schlau, die Tiere durch Wälzen auf dem Boden etwas ausschleimen zu lassen.

> ## Günstige Voraussetzungen für Zuwanderer
> Durch verbreitete Maßnahmen wie tiefes Pflügen und Mulchen sowie durch den Rückgang der Igel findet die Spanische Wegschnecke mit ihrer hohen Vermehrungsrate bei uns ideale Voraussetzungen und kaum natürliche Feinde. Mehrere auf Schnecken spezialisierte Biologen sind sich in ihrer Einschätzung einig – dies bewirkt eine massive Veränderung des biologischen Gleichgewichts!

Genetzte Ackerschnecke (Deroceras reticulatum)

Diese in ausgewachsenem Zustand 3 bis 5 cm lange Art ist unauffällig hell bräunlich bis gräulich gefärbt, meist mit einer dunkleren, netzartigen Zeichnung auf dem Rücken. Bei der Ackerschnecke befindet sich das Atemloch hinter der Mitte des Mantelschilds. Außerdem kann man vom Mantelschild bis zum Rumpfende einen Kiel erkennen.

Die millimetergroßen Jungtiere schlüpfen in Frühjahr aus den durchscheinenden Eiern. Ackerschnecken sind schlank, beweglich und äußerst anpassungsfähig. Sie gehen ihrer Fraßtätigkeit während Trockenperioden bevorzugt unterirdisch nach, scheuen aber bei ausreichend feuchter Witterung auch keine Kletterpartie, um an die jüngsten Blättchen und zartesten Blüten zu kommen. Auch Temperaturen um den Gefrierpunkt können sie nicht von ihrer Fraßtätigkeit abhalten.

In der Regel im Hochsommer suchen sich die Tiere zur Paa-

Die Rückenzeichnung und der bevorzugte Aufenthaltsort gaben der Genetzten Ackerschnecke den Namen.

rung, um jedoch erst ab November 10 bis 15 Eier abzulegen. Ein Individuum kann etwas mehr als ein Jahr alt werden. Die graugefärbte *Deroceras agrestis* hat eine wesentlich höhere Vermehrungsrate und fällt ebenfalls gelegentlich als Schädling auf.

Große Egelschnecke, Großer Schnegel (*Limax maximus*)

Unter den häufigen heimischen Arten ist sie mit bis zu 20 cm Körperlänge die größte. Die schwach grau bis braun gefärbten Tiere fallen besonders durch ein Tigermuster aus dunkleren Flecken auf. Die Atemöffnung liegt hinter der Mitte des Mantelschilds.

Diese Art sucht ihre Nahrung bevorzugt nachts auf der Bodenoberfläche. Im Sommer legt sie bis zu 300 Eier ab, was bei dreijähriger Lebensdauer zu einer beträchtlichen Vermehrungsrate führt. Die Große Egelschnecke ist zwar aufgrund ihrer Größe und Färbung sehr auffällig, aber eher selten und als Schädling von ziemlich untergeordneter Bedeutung.

Das Tigermuster der Großen Egelschnecke kann unterschiedlich ausfallen. Sie wird bis 20 cm lang.

Die Weinbergschnecke gehört zu den Arten, die im Garten mehr nützen als schaden.

Schnirkelschnecken (*Cepaea* spec.)

Stellvertretend für die kleinen Gehäuseschnecken sei diese bekannte Gattung genannt, allen voran die Hainschnirkelschnecke, mit ihrem gebänderten Häuschen. Die Tiere bleiben oberhalb des Bodens und erklimmen auf der Suche nach Nahrhaftem sogar Sträucher und Bäume.
Schnirkelschnecken ziehen sich sowohl bei Hitze als auch über Winter in ihr Haus zurück. Auf diese Weise können sie mehrere Jahre alt werden. Die Eiablage findet im frühen Sommer statt. Die Fraßschäden können im Einzelfall ein Ärgernis sein, lassen sich aber vergleichsweise vernachlässigen.

Weinbergschnecke (*Helix pomatia*)

Weinbergschnecken sind die größten und populärsten heimischen Landgehäuseschnecken. Im Garten richten sie selten Schaden an. In ihren wärmeren, kalkhaltigen, meist steinigeren Lebensräumen gelingt es ihnen öfter, die Nacktschnecken zu verdrängen. Trotzdem mußten sie inzwischen unter Naturschutz gestellt werden.

Bestimmungstabelle für große Nacktschnecken

Gattung	Atemloch	Kiel
Wegschnecken (*Arion*)	vordere Mantelhälfte	-
Egelschnecken (*Limax*)	hintere Mantelhälfte	endet vor dem Mantelschild
Kielnacktschnecken (*Milax*)	hintere Mantelhälfte	bis zum Mantelschild

Natürliche Gegenspieler

Wildlebende Tiere als Schneckenvertilger

Viele unserer Vögel, insbesondere Drosseln, aber auch Amseln, Stare, Elstern oder Möwen, vertilgen gerne Schnecken. Die großen Nacktschnecken allerdings gehören zu den geringer geschätzten Leckerbissen.

1 *Beste Voraussetzung für die Anwesenheit der gefiederten Freunde: dichte Hecken, die insbesondere zur Brutzeit nicht durch Schnittarbeiten gestört werden; am besten früchtetragende Gehölzarten, an denen die Vögel auch über Winter Nahrung finden.*

2 *Außerdem kann man Vögeln künstliche Nistkästen anbieten; Kleiber bevorzugen alte, ausgehöhlte Bäume.*

Die meisten Räuber werden nachts aktiv. Igel und Spitzmäuse sind Fleischfresser, die sich einen fluchtunfähigen Happen kaum entgehen lassen. Allerdings sondern die Schnecken beim Angriff eines solchen Raubtiers so viel Schleim ab, daß er ihm oft den Appetit verdirbt. *Arion lusitanicus* sind besonders schleimig, so daß Geschick dazugehört, sich an diesem Happen nicht zu verschlucken.
Igel leben häufig am Grund von Hecken und anderen dichten Sträuchern. Spitzmäuse sind keine echten allesfressenden Mäuse, sondern kleine Räuber mit einer charakteristisch spitzen Schnauze und stecknadelkopfkleinen Äuglein.

3 *Förderlich ist es, im Herbst das Laub unter die Sträucher zu kehren. Künstliche Lebensräume für Igel und*

Spitzmäuse lassen sich schaffen, indem man einen Haufen aus Ästen und/oder Reisig aufschüttet und mit Laub und anderen Pflanzenabfällen füllt. Außerdem gibt es im Tierhandel Igelhäuschen zu kaufen.

Der Maulwurf vertilgt bevorzugt Insekten und Regenwürmer, aber auch Schnecken verschmäht er nicht grundsätzlich. Der blinde Wühler steht seit einiger Zeit unter Naturschutz und darf nicht bekämpft werden. Wer also die Erdhügel im Rasen in Kauf nimmt, beherbergt auch einen Schneckenjäger innerhalb seines Gartenzauns.

Kröten sind am Feuchtbiotop zuhause, nisten aber am liebsten in den Höhlen von Mauern oder Steinhaufen, ebenso

Der Maulwurf macht vor allem dann Jagd auf Schnecken, wenn sie ihm unterirdisch über den Weg kriechen.

wie Blindschleichen und Eidechsen. Auch Frösche ernähren sich teilweise von Schnecken. Die Ansiedlung von Amphibien am Gartenteich wird aber nur gelingen, wenn er frei von Fischen ist.

4 *Die Anlage eines Feuchtbiotops und das Aufschichten von Mäuerchen oder Steinhäufen fördert also die Ansiedlung mehrerer Nützlinge.*

Kleinere Räuber

Je kleiner der Angreifer, desto unüberwindlicher die Schleimschicht der Schnecken. Deswegen werden Gliedertiere in erster Linie durch das Fressen von Eigelegen als Schneckenfeinde wirksam, teilweise auch noch von Jungtieren. Laufkäfer

Der ausgewachsene Laufkäfer ernährt sich wie seine Larve (Bild) von Schnecken und anderen Kleintieren.

(Carabidae) und Halbflügler (Staphylidae) gehören zu diesen Arten. Auch Weberknechte und Hundertfüßler, deutlich größer als die geläufigen Tausendfüßler, wurden schon öfter beim Verzehr von Schneckeneiern beobachtet. Das bekannte »Glühwürmchen« und ein nahe verwandter Leuchtkäfer (Lampyrinae) eignen sich vorzüglich zur natürlichen Schneckenbekämpfung, ebenso wie die sogenannten Marschfliegen (Sciomyzidae). Ihre Larven können um ein Vielfaches größere Schnecken mit einem Biß lähmen. Anschließend überwintern sie häufig in den leeren Schneckenhäusern. Die Nützlingszucht mit diesen Insekten hat jedoch leider noch keine praktikablen Ergebnisse erbracht.

All diese Kleintierarten brauchen ebenso wie Igel und andere größere Schneckenvertilger einen »unordentlichen« Lebensraum aus Ästen und Brettern und Pflanzenabfällen. Man läßt solche Materialien am besten in einem abgelegenen Gartenteil liegen.

Gartengestaltung für ein natürliches Gleichgewicht

Wenn man die vorangegangenen Abschnitte studiert, kommt man zu dem Schluß, daß die meisten Schneckenfeinde in einem vielfältigen Naturgarten zuhause sind: mit dichten Vogelschutz- und -nährgehölzen eingesäumt, wo auch Schnittholz, Steine und Laub liegenbleiben dürfen, mit einem Gartenteich oder Feuchtbiotop, der an eine Trockenmauer grenzt. Die Zone um die schützenswerten Beete allerdings ist weniger naturgemäß zu gestalten - hier sollen breite befestigte Wege und ein kurzgehaltener Rasen die Zuwanderung der Schnecken erschweren (siehe Seite 44). Denn bis zum Erreichen eines biologischen Gleichgewichts fühlen sich in den verwilderten Zonen auch die Schnecken äußerst wohl.

Laufenten teilen sich gerne einen Stall mit schönem Ausblick, wenn höchstens ein Erpel dabei ist.

Haltung von Laufenten

Seit etwa zehn Jahren kursiert unter ländlichen Gärtnern ein Geheimtip gegen die Schneckenplage: Die Haltung von schneckenverzehrendem Geflügel, in erster Linie Indischen Laufenten und Khaki-Campbell-Enten.

Komische Vögel

Diese Schneckenfresser erfordern außer ausreichendem Auslauf auch eine fachgerechte Betreuung. Indische Laufenten fallen durch ihre unbeholfen wirkende, aufrechte Körperhaltung auf. Mit den verkümmerten Flügelchen können sie nicht fliegen; dies gilt auch für die etwas robuster wirkenden Khaki-Campbell-Enten, eine Züchtung aus Schottland. Daher werden diese Vögel schnell zu Opfern von Füchsen und Mardern, wenn man nicht entsprechende Vorkehrungen trifft: Über Nacht sollte man sie zuverlässig in einen Stall sperren. Eine Umzäunung ist als Schutz nur wirksam, wenn sie mindestens 25 cm tief eingegraben wird, weil sich die Raubtiere sonst darunter durchgraben können.

Beide Entenarten sind nicht so scharf auf frisches Gemüse wie andere Artgenossen. Trotzdem empfiehlt es sich nicht, sie lange unbeaufsichtigt durch Salat-, Kohl-, Bohnen-, Spinat- oder Möhrenbeete watscheln zu lassen. Auch Beerenobst ist nicht vor ihnen sicher.

5 *Am besten läßt man ihnen in abgegrenzten Bereichen rund um den schützenswerten Gartenteil freien Auslauf von mindestens 50 m². Die Zäune müssen dazu nur etwa kniehoch sein; leicht verstellbare Zäune erlauben einen flexiblen Einsatz der Schneckenjäger.*

Direkt in die Beete läßt man die Laufenten nur stundenweise, am besten am frühen Morgen oder in der Dämmerung, wenn die Schnecken ihre Verstecke verlassen. Körner und Kräuter dürfen nur Mittags zugefüttert werden, damit der Appetit auf Schnecken nicht verdorben wird. Eine Zusatzportion Muschel- schrot sichert die nötige Kalkzufuhr. Es hat sich auch sehr be- währt, die Enten nach dem Abräumen im Herbst über die Beete zu lassen, denn die zurückgelassenen Grünabfälle locken die Schnecken in Scharen aus ihren Löchern.

6 Arion rufus, A.ater *und* A.lusitanicus *sind in ausge- wachsenem Zustand ziemlich groß. Weil sie außer- dem stark schleimen, können junge Enten an diesen großen Brocken ersticken, vor allem bei trockener Witterung. Des- halb läßt man Enten besser erst dann freien Zugang zu den großen Schnecken, wenn sie nicht mehr allzu jung sind.*

25

Junge Enten (hier Khaki-Campbell) können leicht an einem dicken, schleimigen Brocken ersticken.

Eine Wasserstelle mit flachem Ausstieg ist obligatorisch für die unbeholfenen Wasservögel. Diese brauchen sie unter anderem, um den Schnabel von Schneckenschleim zu reinigen. Auch im Winter muß immer etwas Wasser verfügbar sein. Ein Zierteich allerdings ist ungeeignet - sie würden ihn in kürzester Zeit verwüsten.
Enten sind gesellige Tiere; damit sie sich nicht einsam fühlen, sollte man mindestens ein Pärchen anschaffen, das reicht für einen Garten bis 500 m² Größe. Männliche Tiere sind unruhiger und vertragen sich nicht untereinander; deswegen ist höchstens ein Erpel in einer Gruppe von bis zu sechs Tieren zu empfehlen.
Der Stall muß nicht groß sein, sollte aber ein Fenster aufweisen; je besser der Ausblick, desto ruhiger kann die werdende

Entenmutter brüten. Die sandige Unterlage sollte man täglich mit frischer Stroheinstreu überdecken. Ausgemistet wird nur drei- bis viermal jährlich.

Die Enteneier sind leider häufig mit Salmonellen besetzt und daher mit Vorsicht zu genießen. Obwohl ein Weibchen jährlich etwa 250 Eier legt, ist die Aufzucht für Laien äußerst schwierig. Theoretisch könnte man sie nach zehn bis elf Wochen zum Fleischverzehr schlachten, aber in den meisten Fällen wird man überschüssige Tiere wohl lieber anderen Gärtnern als wertvolle Helfer überlassen. So werden sie bis etwa fünf Jahre alt. Eine andere Möglichkeit ist , täglich die Eier abzusammeln.

Man darf bei allen Vorteilen nicht übersehen, daß die Haltung von Laufenten eine tägliche Betreuung erfordert. Wer sich dafür entscheidet, sollte möglichst schon im Oktober eine Bestellung beim Geflügel-Spezialisten aufgeben; im späten Frühjahr, zum Höhepunkt der Schneckenplage, sind sie meist schon vergriffen.

Auch andere Geflügelarten eignen sich

Flug- oder Warzenenten eignen sich ebenfalls als Schneckenjäger, sie sind einfacher zu halten und ihr Fleisch schmeckt besser. Im Hausgarten allerdings kann ihr großer Appetit auf Gemüsepflänzchen zum Problem werden.

7 *Auch wer ganz normale Hühner hält, kann schon eine nachdrückliche Wirkung erzielen, indem er die Tiere nach dem Abräumen über die Beete ziehen läßt. Sie säubern das Gelände vor allem von den erreichbaren Eigelegen. Während die Wintergemüse dabei größtenteils verschont bleiben, sollten frisch ausgesäte Samen sowie Salate nicht zugänglich sein.*

Einsatz nützlicher Parasiten

Bei verschiedenen Schädlingsproblemen im Gartenbau hat sich der Einsatz von Nützlingen bewährt. Einigermaßen erfolgversprechend verlief die Züchtung winziger, mit bloßem Auge kaum sichtbarer Fadenwürmer (Nematoden) namens *Phasmarhabditis hermaphrodita*.

Die Parasiten weisen einige Gemeinsamkeiten auf zu den Nematodenarten *Steinernema* und *Heterorhabditis*, welche bereits zur biologischen Bekämpfung von Dickmaulrüßler bzw. Trauermücken eingeführt sind. Ihre Dauerlarven leben natürlicherweise im Boden. Sie befallen die Schnecken durch die Atemlöcher an der Mantelseite und lassen dort Bakterien frei, die sich rasch vermehren. Diese Bakterien und deren Stoffwechselprodukte dienen zum einen den Fadenwürmern als Nahrung und führen anderseits zur Erkrankung der Schnecken. Sie wird sichtbar durch eine Schwellung des Mantels. Nach wenigen Tagen können die Schnecken keine

Nach Nematodeneinsatz erkrankte Schnecken erkennt man an der Schwellung des Mantelschilds (links).

Nahrung mehr zu sich nehmen, und innerhalb von zwei Wochen sterben sie ab.

Von einer britischen Firma wurde vor wenigen Jahren ein entsprechendes Präparat entwickelt. Inzwischen ist es auch auf dem deutschen Markt eingeführt und wird von den Firmen Neudorff und Sauter & Stepper (siehe Adressen) auf Anforderung per Versand vertrieben.

8 *Man verrührt den Inhalt in Wasser und vergießt die Mischung über die Beetoberfläche, am besten bei Bodentemperaturen zwischen 5 und 20 °C. Durch Zufuhr von etwa 500.000 Parasiten pro Quadratmeter läßt sich die Schneckenplage unter Kontrolle bringen.*

Um bestimmte Bereiche zu schützen, muß mindestens im Umkreis von 1,50 m gegossen werden. Im Gegensatz zu anderen Präparaten werden die Fadenwürmer sowohl ober- als auch unterirdisch wirksam. Am besten getroffen werden die kleinen, unterirdisch lebenden Arten, die sonst schwierig abzusammeln sind. Auf sehr schweren Böden ist der Tötungseffekt allerdings vermindert; für Kompostmieten wird die Anwendung nicht empfohlen. Die Wirkdauer beträgt mindestens 6 Wochen.

Vom Hersteller wird eingeräumt, daß das Präparat im wesentlichen auf die Schneckengattung *Deroceras* abzielt, die in Großbritannien vorherrscht. Für die wesentlich größeren *Arion*-Arten, die in Mitteleuropa den meisten Schaden verursachen, wäre eine höhere Dosierung erforderlich. *Arion lusitanicus* scheint besonders widerstandsfähig zu sein. Unter unseren Verhältnissen bleibt daher die Wirkung in vielen Fällen unbefriedigend, insbesondere wenn man den bisher hohen Preis betrachtet (ca. 20 Euro für 40 m^2).

Lebensraum Boden:
So wird's den Schnecken
ungemütlich

Wie wir gehört haben, benötigen Schnecken tagsüber ein sonnengeschütztes Versteck. Je weiter solche Unterschlupfmöglichkeiten von den Blumen- und Gemüsebeeten entfernt sind, desto größer der Aufwand für die tägliche bzw. nächtliche Zuwanderung, und desto geringer werden automatisch Befallsdichte und Schaden. Bei unbedachtem Umgang mit Bodenbearbeitung, Mulch und Kompostierung jedoch kann man die Verbreitung der Schnecken geradezu fördern.

Grundsätze zur Bodenbearbeitung

9 *Langfristig ist ein humoser, feinkrümeliger Untergrund anzustreben, denn auf solch einem garen Boden entstehen kaum Bodenrisse, und er braucht auch nicht umgegraben zu werden; außerdem stellt er das Optimum eines fruchtbaren Gartenbodens dar.*

Auf einem leichten, sandigen Untergrund hat man von vornherein bessere Karten gegen Schnecken als auf schwerem Tonboden, denn ersterer neigt weniger zu Rissen, in denen sich die Schnecken verkriechen können. Durch den Augenschein, mittels einer Fingerprobe oder durch eine Laboruntersuchung kann sich jeder über die Eigenschaften seines Gartenbodens Klarheit verschaffen. Nur an günstigen Standorten oder nach jahrelanger Kompostwirtschaft wird man bereits eine optimale Bodenstruktur vorfinden, die nicht mehr verbessert werden muß.

10 *Von einer **Flächenkompostierung** sollte vollständig abgesehen werden. Verrottende Pflanzenabfälle auf den Beeten sind nämlich so ein verlockendes Angebot für die Schnecken, daß sie gleich noch ihre Eier dort ablegen.*

Bodenverbesserung durch Zusätze

Am wichtigsten für einen garen Boden ist die **Humuszufuhr**. Außer Kompost (siehe Seite 34) kommt auch die Zufuhr von (käuflichem) Mistkompost oder Rindenhumus in Frage. **Gesteinsmehl** hat einen günstigen Einfluß auf die Bodenstruktur und enthält außerdem wertvolle Spurenelemente. Tonmehl ist für leichte Böden zu bevorzugen, Urgesteinsmehl für schwerere.

Kalk im richtigen Maß fördert die Gare des Bodens. Der optimale pH-Bereich für Böden liegt zwischen 5 und 7,5; allerdings treten auf alkalischen Böden (ab pH 7) auch die Schnecken stärker auf. Kohlensaurer (Algen-)Kalk ist zu bevorzugen; Branntkalk darf nur unter Vorbehalt verwendet werden (siehe Seite 49). Wie mineralisches **Kalisalz** wirkt er ätzend und deshalb direkt gegen Schnecken.

Dünger sind »Kraftfutter« für die Schnecken; in mineralischer Form wirken sie eher ungünstig auf die Bodenstruktur. Vor allem aber bildet sich durch übertriebene Stickstoffdüngung zartes, plasmareiches Pflanzengewebe, welches den Schnecken besonders mundet.

11 *Übertriebene Düngemaßnahmen sind daher unbedingt zu vermeiden.*

Mechanische Maßnahmen

Mechanisches Lockern und Hacken des Bodens fördert die Belüftung und damit langfristig die Bodengare.

12 *Regelmäßiges oberflächliches Hacken empfiehlt sich vor allem bei trockener Witterung, um die Verdunstung zu unterbrechen; aber auch, um Risse und Spalten zu schließen, auf die die Schnecken mangels Feuchtigkeit besonders angewiesen sind.*

13 *Im Saatbeet ist es besonders wichtig, krümelig-humose Erde anzustreben. Dazu sollte man möglichst bald im Frühjahr mit dem Hacken beginnen und die Erdoberfläche fein zerkrümeln.*

Es empfiehlt sich, nach dem ersten Hacken gleich Schnecken abzusammeln (siehe Seite 59).

14 *Krail, Grubber und Kultivator sind gegenüber dem Sauzahn deutlich zu bevorzugen, weil diese die Oberfläche eher glätten, während letzterer einzelne, tiefe Spalten verursacht.*

Das Umgraben ist nur bei schwerem Boden empfehlenswert. Weniger problematisch ist die tiefe Lockerung mit der Grabgabel. In beiden Fällen entstehen jedoch Bodenspalten, die Schnecken zur Eiablage anlocken. Je weniger solche geschützten Plätze zur Verfügung stehen, desto mehr Eier erfrieren oder werden von anderen Tieren gefressen.

15 *Wenn man die herbstliche Bodenlockerung erst nach den ersten frostigen Nächten (Ende November/De-*

Während Sternhacke und Krail den Boden fein krümeln, erzeugt der Sauzahn (2.v.l.) tiefe Furchen.

Umgraben sollte man möglichst erst nach den ersten Frösten, wenn die Zeit der Eiablage vorüber ist.

zember) vornimmt, verringert sich die Gefahr der Eiablage. Anschließend lohnt es sich, wenn möglich Enten oder anderes Geflügel durch die Beete ziehen zu lassen.

16 *Im Anschluß an die Ernte sollten Bodenunebenheiten gleich wieder glattgerecht werden.*

Beim maschinellen Fräsen einer Beetfläche werden zahlreiche Schnecken, aber auch andere Bodentiere getötet.

Am Kompost erfüllen die Schnecken eine sinnvolle Aufgabe. Allerdings werden von dort ihre Eier verbreitet.

17 *Weil all diese Maßnahmen möglichst bei trockenem Boden durchgeführt werden sollten, empfiehlt es sich, die Tage zuvor Pflanzenabfälle liegen zu lassen oder auszustreuen, damit die Schnecken aus ihren Verstecken gelockt und besser erwischt werden.*

Kompost - Brutstätte der Schnecken

Die vordringliche Aufgabe der Schnecken im Naturkreislauf ist das Zerkleinern von Pflanzenabfällen, also der Abbau organischer Stoffe als Vorstufe zum Humusaufbau. Deshalb ist der Kompost grundsätzlich der passende Platz für die Fraßtätigkeit der Kriechtiere. In dem luftig aufgehäuften Gemisch organischer Abfälle finden sie denn auch optimale Lebensbedingungen.

Leider hat die Sache mehr als einen Haken: Zum einen bleiben die Schnecken nicht stur am Kompost, sondern lassen sich von jungen Pflänzchen gerne zu Ausflügen in die Beete locken. Vor allem aber legen die Schnecken mit Vorliebe ihre Eier in die zahllosen Zwischenräume des Komposts. Und wenn dieser dann auf die Beete verteilt wird, sind die schlüpfenden Jungtiere genau dort, wo wir sie überhaupt nicht gebrauchen können.

Richtig anlegen, richtig entnehmen

18 *Eine erste Vorbeugungsmaßnahme besteht darin, die Miete weit weg von den gefährdeten Beeten zu plazieren. Es sollten möglichst mehr als 5 m sein, damit die Distanz nicht so leicht überwunden wird.*

19 *Wenn eine Zuwanderung zu den Beeten zu befürchten und kaum zu unterbinden ist, kann man am*

Abend, wenn sie aus ihren Verstecken hervorkriechen, Schnecken von Hand absammeln und vernichten (siehe Seite 58). Bierfallen am Rand des Komposts werden angesichts der Schneckenmassen eine ziemlich unappetitliche Angelegenheit und müssen regelmäßig (auf den Kompost) entleert werden.

Um das Kompostmaterial mit den Nährelementen Calcium und Stickstoff anzureichern, aber auch um es von Krankheitserregern zu entseuchen, streuen manche Gärtner zur Rottebeschleunigung Kalkstickstoff in die Miete.

20 *Kalkstickstoff setzt beim chemischen Abbau Cyanamid frei, ein Giftgas, welches nahezu alle erreichten Organismen abtötet - auch Schnecken und deren Eier.*

Aufgrund der radikalen Giftwirkung wird Kalkstickstoff vor allem in biologisch bewirtschafteten Gärten abgelehnt. Außerdem können, da das Gift nach einigen Tagen abgebaut ist, Schnecken wieder unbehindert zuwandern.

21 *Tierische Substanzen (Fleischabfälle, Fisch) im Kompost üben eine besonders starke, unerwünschte Lockwirkung auf Schnecken aus und sind zu vermeiden.*

Bei geeigneter Materialzusammensetzung und fachgerechtem Aufsetzen durchläuft der Kompost die sogenannte Heißrotte. In dieser Phase wird die Miete im Inneren auf bis zu 70 °C erhitzt. Bei solchen Temperaturen werden Schneckeneier abgetötet und ausgewachsene Tiere vertrieben. Am ehesten erreicht man diese Hitze während des Sommers in einem geschlossenen Behälter. Dann sind allerdings kaum Schneckeneier vorhanden.

Beim Sieben sollte man darauf achten, daß auch die weißlichen
Schneckeneier aussortiert werden.

22 *Bei der Komposternte müssen in der Regel gröbere Bestandteile ausgesiebt werden. Dabei kann man natürlich auch ein Auge auf die Schnecken selbst und auf die Häufchen von weißlich-durchscheinenden Eiern werfen. Wenn man fündig wird, lassen sich diese Brutstätten unschädlich machen, indem man sie mit dem Spaten zerquetscht oder mit kochend heißem Wasser überbrüht. Vor dem Winter genügt es auch, sie einfach ungeschützt liegen zu lassen.*

Aber selbst bei sorgfältigstem Aussieben wird man kaum alle Schneckeneier auffinden. Auf die Begegnung mit ausgewachsenen Tieren kann man sich vorbereiten, indem man einen Behälter, eine Schere oder kochendes Wasser bereithält (siehe Seite 60).

23 *Deshalb empfiehlt es sich, bereits im Spätsommer, also vor der herbstlichen Eiablage, den reifen Kompost von unverrotteten Bestandteilen zu trennen und letztere mit frischen Pflanzenabfällen zu einer neuen Miete aufzuschichten.*

Die Schnecken werden sich mit großer Sicherheit für das frische Futtermaterial entscheiden und umziehen. Trotzdem sollte man auf Eier achten, denn manche Schneckenarten legen bereits im Sommer welche ab.

24 *Um ganz auf Nummer Sicher zu gehen, kann der fertige Kompost einige Tage nach dem Absieben an einem möglichst unzugänglichen Ort gelagert werden.*

25 *Halbreifer Nährkompost, der unter günstigen Bedingungen nur etwa ein halbes Jahr gerottet ist, lockt die Schnecken auf dem Beet stärker an als fertiger Kompost,* *der ein Jahr oder länger ausgereift ist. Dieser dient weniger der Nährstoffversorgung als vielmehr zur Verbesserung der Bodenstruktur.*

Ein völlig schneckenfreier Kompost ist leider Illusion, denn wenn die Materialien zu trocken sind (damit es den Schnecken ungemütlich wird), geht auch die Rotte nicht mehr sachgerecht vonstatten.

Mulch und Gründüngung

Als Mulchen bezeichnet man eine oberflächliche Abdeckung des Bodens. Es soll die Bodenfeuchtigkeit im Sommer erhalten, die Struktur gegen Verschlämmen schützen, Unkräuter unterdrücken, Auswaschungen vermeiden und im Winter das Eindringen der Kälte behindern. Eine dicke Mulchschicht erfüllt die genannten Aufagben am wirkungsvollsten.
Im biologischen Garten fühlen sich Schnecken oft besonders wohl, unter dickem Mulch und auf reichlich Humus sowie in der Mischkultur, denn hier finden sie immer ausreichend schattige und feuchte Stellen. Darum:

26 *Je größer das Schneckenproblem, desto dünner sollte man die Mulchschicht halten, weil so auch die Schutzfunktion für die Schnecken verringert wird.*

Welches Material ist besser?

Auch wenn sie keine Nahrungsquelle darstellt, wird sogar eine schwarze Mulchfolie von den Schnecken gerne als schützender Unterschlupf angenommen. Rasenschnitt ergibt ein nahezu ideales Biotop für Schnecken, ungetrockneter Rasenschnitt in dicken Schichten ist absolut verboten!

Eine dünne Mulchschicht bietet den Schnecken weniger Schutz und ist in dieser Hinsicht zu bevorzugen.

27 *Pflanzenabfälle wie Staudenschnitt, Laub u.a. sollte man am besten **zerkleinert vortrocknen**, bevor man*

sie als Mulch ausstreut, oder sie gleich in dünner Schicht
ausbringen, aber nur bei trockener Witterung.

28 *Scharfkantig gehäckseltes Stroh* *nimmt kaum noch*
Feuchtigkeit auf und wird von den Schnecken ungern
überwandert. *Feingehäckselte Äste erfüllen denselben*
Zweck, verrotten allerdings noch langsamer. Beide Materia-
lien verbrauchen bei der Rotte Stickstoff, weshalb dieses
Nährelement durch entsprechende Düngemaßnahmen
nachgeliefert werden muß.

29 *Günstig ist auch ein hoher Anteil stark aromatischer*
Pflanzen, wie die Heil- und Gewürzkräuter, denn diese
kräftigen Gerüche behagen den Schnecken weniger, z. B.
Liebstöckel, Pfefferminze, Oregano, Eberraute, Wermut und
auch Tomatenlaub. Selbst wenn man manche Gewürze wenig
im Haushalt nutzt, lohnt sich also deren Anbau im Garten,
um Schnecken abzuwehren.

Allerdings muß man hinzufügen, daß die Spanische Wegschnecke aus ihrer Heimat an aromatische Pflanzen gewöhnt
ist und sich kaum abschrecken läßt (siehe Seite 46).

30 Cartalit *ist ein käufliches Produkt, das Schnecken*
nicht behagen soll, aufgrund von Beimischungen
wie Tabak (Gift!) und gehäckseltem, kantigem Schilf. Ein
hundertprozentiger Schutz ist das freilich nicht - man hat
schließlich schon Schnecken beim Überklettern einer
Rasierklinge beobachtet …

Rindenmulch eignet sich lediglich zwischen Gehölzen und
robusten Stauden als Mulchmaterial. Nur in frischem Zustand
und sonniger Lage kann er Schnecken abwehren.

Wann mulchen und wann nicht?

Wo nicht umgegraben wird, empfiehlt sich über Winter häufig eine Mulchabdeckung.

31 *Den **Wintermulch** sollte man im Frühjahr zeitig entfernen, noch bevor die Sonne kräftig genug ist, den Boden zu erwärmen. Mit dem Abtragen der Mulchschicht wird auch ein Teil der Schneckeneier entfernt.*

32 *In der Zeit der empfindlichen **ersten Aussaaten** wird man den Boden besser unbedeckt lassen. Er braucht die Mulchdecke dann gar nicht, weil die Verdunstungsverluste noch gering sind.*

Es lohnt sich erst wieder ab dem späten Frühling, Mulch aufzutragen. Im **Sommer** erfüllt er seine Funktion am wertvollsten, vor allem auf leichten Böden. Im **Herbst** kann man mit Rücksicht auf die Schneckenplage den Boden wieder offenlassen.

Auch Gründüngung nur gezielt einsetzen

Zur Gründüngung sät man als Vor- oder Nachkultur eine Pflanzenart ein, die den Boden gut durchwurzelt und die Fruchtfolge erweitert. Da diese Pflanzen nicht abgeerntet werden, erfolgt außerdem eine Zufuhr von organischem Material. Der Nachteil: Innerhalb der geschlossenen Pflanzendecke können die Schnecken Unterschlupf finden. Senf zum Beispiel ist eine Lieblingsspeise der Schnecken, aus Gründen der Nahrungsvielfalt werden diese aber auch die Nachbarbeete heimsuchen. Am ungünstigsten wirkt sich eine Gründüngung als Frühlings-Vorkultur aus.

33 *Wenn man aus guten Gründen nicht darauf verzichten will, sollte der Zugang vom Gründünger- zum Saat-*

Phazelia oder Bienenfreund gehört zu den Gründüngern,
die von den Schnecken gemieden werden.

*beet mit einer Begrenzung verwehrt werden. Noch besser:
Die Gründüngung einige Tage vor der Aussaat entfernen.*

34 *Zu bevorzugen ist die herbstliche Gründüngung
mit <u>nicht</u> winterharten Arten. Weißklee und Phazelia
werden von den Schnecken gemieden.*

35 *Wie beim Mulch gilt: Eine weniger dichte Boden-
bedeckung wirkt auch auf die Schnecken weniger
attraktiv. Deshalb bei starker Gefährdung die Gründüngung nicht zu dicht aussäen.*

Den Zugang verwehren

Fernwanderung im Schneckentempo

Wenn die Beete selbst nicht genug Möglichkeiten zum Unterschlupf bieten, müssen die Schnecken mehr oder weniger große Entfernungen überwinden, um zu ihren Lieblingsspeisen zu geraten. Einmal im Nahrungsparadies angekommen, fallen sie über die naheliegendsten Leckerbissen her, weshalb am Rand der Beete die meisten Fraßschäden zu beklagen sind. Daher sind die Distanzen zu den umgebenden schattig-feuchten Gartenstellen von entscheidender Bedeutung für das Maß an nächtlichen Besuchern.

Eine erste Vorentscheidung über Schneckenschäden fällt also schon bei der Gartengestaltung bzw. bei der Standortwahl für die Gemüsebeete. Sogar die Umgebung des Gartengrundstücks sollte man in Augenschein nehmen: Eine Schutthalde oder ein schattiges Biotop kann der Ausgangspunkt für Tausende unerwünschter Besucher sein, ebenso natürlich auch für Nutzorganismen.

36 *Hecken und hohe Wiesen, Mäuerchen und Gebäude, irgendwelche Materiallager sowie Kompostplatz sollten möglichst weit von den schutzbedürftigen Beeten entfernt sein.*

Ab 5 m Abstand ist die Gefahr relativ gering, daß die Tiere jede Nacht zu- und wieder abwandern. Wenn allerdings auf dem Beet genügend Schlupfwinkel existieren, erübrigt sich der Rückweg, und damit wird die Gefährdung wieder wesentlich höher. Normal breite Wege aus Kies oder Wegplatten bilden kein unüberwindliches Hindernis.

Der Kompostplatz sollte möglichst durch unwirtliche Bereiche von gefährdeten Beeten abgetrennt sein.

37 *Ein kurzgeschorener Nutzrasen von mindestens 4 m Breite wird nur von wenigen Tieren durchwandert. Allerdings ist regelmäßig zu mähen und das Schnittgut sofort zu entfernen.*

Dabei ist zu berücksichtigen, daß manche Schneckenarten von vornherein wanderlustiger sind als andere (siehe Seite 12). *Arion hortensis* und *Deroceras*-Arten zum Beispiel sind eher seßhaft, während die großen *Arion*-Arten größere Distanzen leichter überwinden. Generell kann man sich die Regel merken: Je kleiner die Schnecke, desto geringer ihr Aktionsradius. Aufgrund dieser Tatsache ist im Frühjahr, wenn die meisten Schnecken gerade erst geschlüpft sind, eine Entfernung von wenigen Metern vom garen, glatten Beet zu den Unter-

45

schlupfmöglichkeiten schon ein relativ wirkungsvoller Schutz. Allerdings ist es wieder einmal die zugewanderte Spanische Wegschnecke, die aus dieser Regel ausschert; denn von dieser Art überwintern teilweise im Herbst geschlüpfte Tiere, die schon größer sind.

Zusätzlich erschwerend für die Schnecken können verschiedene Pflanzenarten oder Materialien wirken. Genaueres dazu in den nächsten Kapiteln.

Ungeliebte Pflanzenbestände

Im Garten liegt es nahe, durch gezielte Anpflanzungen die Zuwanderung von Schnecken zu unterbinden; eine solche Maß-

Für eine »schneckenunfreundliche« Randpflanzung eignen sich stark aromatische Kräuter wie der Ysop.

nahme sticht im Gegensatz zu manch anderen nicht unangenehm ins Auge.

38 *Am häufigsten werden stark aromatisch duftende Gewürzkräuter genannt, wie Ysop, Lavendel, Rosmarin, Eberraute, Thymian, Salbei, Oregano oder Bergbohnenkraut, außerdem haarige Genossen wie Boretsch, Beinwell und Königskerze oder der oxalathaltige Sauerklee. Hartlaubige Mittelmeerpflanzen dürften den weichblättrigen Kräuterarten wie Liebstöckel oder Zitronenmelisse in ihrer Wirkung überlegen sein.*

Deshalb wäre zu überlegen, zumindest an einer ansonsten ungeschützten Seite ein möglichst breites Kräuterbeet anzulegen. Allerdings läßt sich die zugewanderte Spanische Wegschnecke davon wenig beeindrucken; man trifft sie überraschenderweise im Schatten der Zitronenmelisse oder entdeckt sie sogar auf Lavendel- oder Rosmarinsträuchern herumkletternd. Offensichtlich ist sie aus ihrer südländischen Heimat solche Aromapflanzen gewöhnt.

39 *Der in Geranien enthaltene Duftstoff wirkt abwehrend. Löwenmaul, Vergißmeinnicht und Balsaminengewächse wie das Fleißige Lieschen werden so gut wie nie angegriffen. Auch im Schatten widerstehen Pflanzen wie Efeu, Rhododendron, Gräser und Farne größtenteils den Kriechtieren.*

40 *Ein mehrere Meter breiter Streifen aus Weißklee ist eine wirksame Abwehrpflanzung (siehe Seite 42).*

Gelegentlich werden auch Kresse, Petersilie oder Schnittlauch empfohlen. Aus praktischer Erfahrung sei ergänzt, daß die Petersilie ohne Schutz das Keimlingsstadium kaum übersteht und erst in ausgewachsenem Zustand die gewünschte Abwehrwirkung entfalten kann. Ebenso wird der Schnittlauch häufig selbst Opfer einer Schnecken-Angriffswelle. Jeder Gärtner kann selbst ein wenig experimentieren, welche Pflanzen bei seinen Schnecken am wenigsten beliebt sind und daher am meisten Wirkung entfalten.

Bei dieser Maßnahme sei daran erinnert, daß es sich beiderseits um Lebewesen handelt und daß es unter solchen kaum hundertprozentig verläßliche Mechanismen gibt. Nur soviel läßt sich sagen:

- Die genannten Arten werden von den meisten Schnecken normalerweise gemieden.
- Je breiter der entsprechende Pflanzstreifen, desto größer die Wirksamkeit als Hindernis.
- Je feuchter die Witterung, desto weniger ist er hinderlich.

Zugangsbeschränkung durch aufgestreute Materialien

Ein Untergrund, der den Schnecken Feuchtigkeit entzieht, behindert ihre Fortbewegung. Wichtig dabei ist, daß kein noch so schmaler Durchlaß ungeschützt bleibt. Die meisten gebräuchlichen Materialien haben jedoch einen Nachteil: Bei Regen verlieren sie an Wirksamkeit - also gerade dann, wenn die Aktivität der Schnecken am größten ist.

41 *Ein billiges und leicht erhältliches Material ist **Sägemehl**. Damit es nicht seine Wirkung verfehlt, muß es zentimeterdick und mindestens einen halben Meter breit ausgebracht werden. Nach Regenfällen empfiehlt es sich,*

Gehäckseltes Stroh oder andere scharfkantige Materialien behindern den Zugang für die schleimigen Kriecher.

*das Material zu lockern, damit es rasch wieder austrocknet. Gleiches gilt für **Getreidespreu.***

In manchen Gärten fallen **Koniferennadeln** in großen Mengen an. Vom **Sand** wäre erst ein meterbreiter Sandstreifen wirkungsvoll. Wege aus **Rindenmulch** wirken nur in frischem Zustand und bei trockener Witterung als Hindernis.

42 *Als Zuwanderungsbarrieren lassen sich auch Bodenverbesserungsmittel verwenden wie **Gesteinsmehl** und **Kalk** (siehe Seite 31). Branntkalk ist eine sehr aggressive Form von Kalk, die auch die Schnecken beeindruckt, aber mit Vorsicht zu einzusetzen ist: Er kann bestenfalls für schwere Böden empfohlen werden.*

Holzasche wirkt als ätzender Kalk- und Kalidünger. Allerdings enthält sie Rückstände von Schwermetallen und sollte zurück-

49

haltend eingesetzt werden (Kohlenasche ist gänzlich ungeeignet). Sie wird sehr leicht vom Regen ausgespült.

43 *Wo man nicht-wasserfeste Streumaterialien ausbringt, muß besonders gezielt bewässert werden, damit die Schutzschicht nicht ihrer Wirksamkeit beraubt wird (siehe auch Seite 78).*

Als einfache und wirkungsvolle Maßnahme erweisen sich Streumaterialien im Schutz von Folien und Gewächshäusern, denn dort werden sie nicht durch den Regen beeinträchtigt.

44 *Unempfindlich gegen Regen sind kantige, zerkleinerte* **Eierschalen.** *Allerdings dürften diese nur in kleinen Mengen zur Verfügung stehen, so daß sich damit nur einzelne Pflanzen schützen lassen. Dafür gibt es sogar fertige Präparate auf dieser Basis (»Bio-Schneckenzaun«, S. 91).*

45 *Vor kurzem wurde entdeckt, daß eine* **Coffeinlösung** *Nacktschnecken töten kann; je höher die Konzentration, desto weniger werden benetzte Blätter angefressen. Auch wenn man nicht ausreichend Kaffeesatz hat für eine 100%ige Wirkung: Das Ausstreuen mit Sand oder das Versprühen einer Lösung kann manchen Schnecken den Appetit verderben. Das kostenlose Mittel ist allerdings aufgrund seiner sauren Wirkung nicht für jeden Boden förderlich.*

46 *Im Handel wird auch eine* **Anti-Schneckenpaste** *angeboten. Das seifenartige Gel ist lückenlos auf die Beetumrandung aufzutragen und bleibt ziemlich regenfest. Allerdings soll erst ein 10 cm breiter Streifen das Eindringen zuverlässig verhindern.*

Eine selbst hergestellte Pflanzenjauche duftet nicht gerade vornehm, kann aber Schnecken fernhalten.

Das stinkt den Schnecken

Anstatt fester Streumittel können schneckenabwehrende Stoffe auch in flüssiger Form ausgebracht werden.

47 *Zum Beispiel lassen sich Pflanzen verjauchen, die molluskizide Inhaltsstoffe besitzen, um die Brühe dann zur Abschreckung rund um die Beete zu vergießen. Efeu und Lavendel, Wurmfarn und Seifenkraut, Holunder, Schafgarbe und Wermut, ja sogar Begonien gehören zu den Pflanzen, die in einem solchen Ruf stehen.*

Leider gibt es damit kaum dauerhafte Erfolge zu vermelden. Umso mehr, als die abschreckenden Düfte vom Regen rasch ausgewaschen und unwirksam werden.

Unumstrittene Erfolge hingegen bringt ein unappetitliches Gebräu: Man nehme eine größere Menge gesammelter Schnecken, übergieße sie in einem alten Eimer mit kochendem Wasser und decke das Ganze möglichst dicht ab. Denn demnächst werden die Ausdünstungen ziemlich unerträglich. Dann wird die Brühe auf das 10- bis 20fache verdünnt, wobei die Grobbestandteile abzusieben sind.

48 *Eine solche* **Jauche** *aus toten Schnecken wirkt abschreckend auf die lebendigen Artgenossen. Deshalb kann man sie um die gefährdeten Beete auf dem Boden vergießen,* keinesfalls auf Nahrungspflanzen. *Angesichts der giftigen Stoffe, die bei der Zersetzung entstehen, hat dieselbe Vorsicht zu walten wie bei chemischen Mitteln.*

Diese Duftmarken müssen gelegentlich erneuert werden, insbesondere nach regnerischer Witterung. Dabei darf man nicht den Fehler machen, eine Beetfläche systematisch einzukreisen, wenn sie nicht schneckenfrei ist. Denn die umzingelten Tiere können dann nicht entfliehen.

49 *Deshalb ist es sinnvoll, zum Beispiel parallele Wege zwischen den Beeten zu begießen, so daß die Schnecken dem unangenehmen Geruch nach vorne und/oder hinten ausweichen können.*

50 *Seit einigen Jahren befindet sich ein* **Schneckengranulat** *im Handel; diese Körnchen sind stark mit aromatischen Düften getränkt und wehren dadurch Schnecken ab. Am besten bildet man damit Barrieren.*

Allerdings wird der Mechanismus bei heftigem Regen unwirksam. Nach einigen Wochen muß das Granulat deshalb immer wieder erneuert werden (siehe Gebrauchsanweisung, Bezugsquellen Seite 91).

51 *Auch wenn man Farnwedel oder Tomatenblätter zwischen den gefährdeten Opfern auslegt, trägt dies zur Verwirrung der Schnecken bei. Wurmfarn gibt es als getrocknetes Kräuterpulver zu kaufen, das man zur Abwehr ausstreuen kann.*

Einfriedung mit Zäunen

Schon seit Jahren werden Schneckenzäune angeboten, meist aus Metall; Kunststoffzäune haben eine geringere Haltbarkeit. Solche Zäune sind zweifellos das wirkungsvollste Hindernis für Schnecken.

52 *Schneckenzäune ragen etwa 10 cm aus dem Erdboden; die Oberkante ist nach außen zurückgebogen, so daß sich ein deutlicher Überhang ergibt, den die Schnecken nicht überwinden können.*

Verschiedene Bauweisen zu unterschiedlichen Preisen

Diese aus praktischen Erfahrungen heraus entwickelte Grundform wurde in zahllosen Bauweisen im Fachhandel angeboten. Die nach außen gebogene Kante kann rund gebogen sein oder in einer scharfen Kante. Bei einem Fabrikat ist der Überhang zusätzlich gezackt. Ein Kunststoffzaun wurde mit einer stachelbesetzten Fläche ausgestattet, die den Schnecken die Fähigkeit von Fakiren abverlangt.

Das überhängende Mangoldblatt bildet eine Brücke, die den ganzen Schneckenzaun unwirksam machen kann.

53 *Da die Zäune von kleinen Tieren leicht unterwandert werden, wenn sie nicht absolut dicht mit dem Boden abschließen, werden sie in der Regel etwa 10 cm tief im Boden versenkt. So ergibt sich eine Gesamthöhe des Bauwerks von 20-25 cm.*

Meist werden die Zaunabschnitte ineinander geschoben, so daß sie 3-5 cm überlappen. Für die Ecken gibt es extra Einsätze, damit die Schnecken dort nicht durch Lücken, die sich mit der Zeit bilden, Eingang finden.

Bei einigen Zäunen wird die Verankerung durch zusätzliche Steckelemente in bestimmten Abständen stabilisiert, was eine dauerhafte Installation erleichtert. In einem naturnahen Garten wirken die geraden und extra freigehaltenen Metallstreifen allerdings schon etwas fremd. Ausgefeiltere Systeme sind grün oder braun gefärbt und fügen sich relativ unauffällig ins Gartenbild.

Es lohnt, sich etwas umzuschauen, denn zwischen den verschiedenen Bauweisen herrschen gehörige **Preisunterschiede**, ab einem Meterpreis von wenigen Euro bis zu 20 Euro pro Meter; bei einem größeren Beet kommen so ganz schöne Beträge bzw. Differenzen zustande. Selbstverständlich korreliert der Preis mit den bautechnischen und optischen Eigenschaften - da muß jeder selbst das für seine Umstände optimale System finden. Auf die Dauer lohnt sich natürlich auch eine größere Ausgabe, wenn die Beete dann ordentlich umzäunt sind und das Schneckenproblem größtenteils gelöst ist.

54 *Die billigste Lösung, nämlich die **Selbstbauweise,** erfordert handwerkliches Geschick. Man kann dazu ein verzinktes Blech nehmen oder - noch billiger - einen möglichst engmaschigen (< 3mm), stabilen Draht: in 25-30 cm breite Streifen schneiden und das obere Ende wie beschrieben umknicken.*

Zu den ersten auf dem Markt befindlichen Bauweisen gehörten die **Elektrozäune**. Sie sind aus Kunststoff; an der (nicht umgebogenen) Oberkante befinden sich zwei Drähte, die den Schnecken einen Stromschlag versetzen, wenn sie darüber-

Wie Kühe mögen auch Schnecken keine Stromschläge. Deshalb
werden manche Zäune mit Batterien betrieben.

kriechen wollen. Dazu müssen die Drähte an einem Ende des
Zauns an eine Batterie angeschlossen werden.
Solche Zäune befinden sich nach wie vor auf dem Markt, weisen aber einen empfindlichen Nachteil auf: Bei regnerischer
Witterung, also in Zeiten höchster Schneckenaktivität, wird die
Stromversorgung häufig außer Funktion gesetzt, weil die Nässe Überbrückungen und damit Kurzschlüsse schafft. Elektrozäune sind deshalb nur als vorübergehender Schutz zu empfehlen.

Unerläßliche Begleitmaßnahmen

55 *Jeder Schneckenzaun wird wirkungslos, wenn an-
grenzender Bewuchs überhängt und somit Brücken*

für die Schnecken bildet, auch wenn es sich nur um Grashalme handelt. Daher ist die direkte Umgebung sorgfältig freizuhalten. Eine Plattenumrandung beispielsweise erspart regelmäßigen Rasenschnitt.

Wenn man den Schutzzaun aufstellt, können diejenigen Schnecken, die sich schon innerhalb der umgrenzten Fläche befinden, sich konkurrenzlos den Bauch vollschlagen. Deshalb ist es besonders wichtig, diese Tiere rasch abzusammeln, bevor sie Schaden anrichten. Erst danach ist die Fläche innerhalb des Zauns wirklich eine Schneckensperrzone.

56 *In den ersten Wochen nach Aufstellen des Schneckenzauns empfiehlt es sich daher, die verbliebenen Schnecken zum Beispiel in Bierfallen zu locken (siehe Seite 67) oder unter künstlich angebotenen Schlupfwinkeln regelmäßig abzusammeln (siehe Seite 61).*

Sofern die Grenze nicht undicht ist, wird die Schneckenpopulation auf diese Weise immer kleiner und verschwindet schließlich gänzlich. Solche Maßnahmen kann man auch dann ergreifen, wenn zum Beispiel durch eine Kompostgabe die Gefahr besteht, daß Schnecken eingeschleppt wurden, oder wenn überhängender Bewuchs vorübergehend einen Zugang eröffnet hat. Ist das Gelände endlich schneckenfrei, darf innerhalb des Zauns auch wieder hemmungslos mit Mulch gearbeitet (wenn man dabei keine Tiere einschleppt!) und nach Belieben gegossen und gelockert werden.

57 *Die Dichtheit des Schneckenzauns sollte in regelmäßigen Abständen überprüft werden, denn durch Witterungseinwirkungen oder Besuche größerer Tiere entstehen umso leichter Lücken, je labiler die Konstruktion.*

Auf Schneckenjagd

Zur richtigen Zeit am richtigen Ort sammeln

Wie wir aus Erfahrung wissen, werden die Schnecken hauptsächlich nachts aktiv. Dann verlassen sie ihre geschützten Schlupfwinkel, um auf Nahrungssuche zu gehen. Der exakte Zeitpunkt allerdings hängt stark von der Witterung, dem Nahrungsangebot sowie vom Lebensrhythmus der verschiedenen Schneckenarten ab. Während die großen Wegschnecken (*A. ater, A. rufus, A. lusitanicus*) schon mit beginnender Dämmerung auf der Bildfläche erscheinen und sich gegen Morgen frühzeitig wieder zurückziehen, tauchen die kleinen Wegschnecken (*A. hortensis*) häufig erst auf, wenn es schon wieder hell wird.

58 *In der Morgen- und Abenddämmerung sind die Tiere meist unterwegs, zwischen ihren Schlupfwinkeln an*

Wenn man zur richtigen Zeit am richtigen Ort sucht, erhöht sich die Fangrate signifikant.

Mäuerchen, dichtem Bewuchs und anderen feucht-dunklen Stellen und dem Nahrungsangebot. Nun zeigen sie sich auch an der Oberfläche des Komposts.

59 Die Erfolgsrate erhöht sich deutlich, wenn man mehrmals in der Nacht (abends, Mitternacht mit der Taschenlampe, morgens) absammelt.

60 Häufig lohnt es sich auch, die Wiese in der Umgebung der gefährdeten Beete abzusuchen.

61 Wer nur tagsüber dazu kommt, sucht unter Pflanzen mit dichtem Laub oder großen Blättern (z. B. Rhabarber) bzw. an künstlichen Schlupfwinkeln (siehe Seite 61).

62 Häufig an bewölkten Tagen, vor allem aber während starken Regenfällen kriechen einem die Schnecken bei der Gartenarbeit praktisch von selbst in die Quere.

63 Durch das ersten Hacken im Frühjahr werden die Schnecken aus ihrer Ruhe hochgeschreckt. Danach lohnt sich das Absammeln.

Nicht die Hände schmutzig machen

Der Schneckenschleim wirkt nicht nur recht unappetitlich, es ist auch schwierig, ihn wieder abzuwaschen. Deshalb besser nicht mit bloßen Händen auf Schneckenfang gehen!

64 Die meisten Gärtner haben schnell Gummihandschuhe bei der Hand. Noch eleganter allerdings hält man sich die Tiere mit einer alten Nudelzange, einer Kohlenzange oder einer Wäschezange vom Leib.

Wenn die Suche länger dauert, muß man die Schnecken im Auge behalten, denn die ersten Gefangenen erklimmen überraschend rasch wieder die Oberkante des Sammelbehälters, in der Regel ein alter Eimer.

Wohin mit den Gefangenen?

Viele Biogärtner und Naturfreunde weigern sich, anderen Lebewesen mit Gewaltmethoden auf den Leib zu rücken. Wenn sie es besonders gut meinen, tragen sie die eingesammelten Tiere an den nächsten Waldrand und entlassen sie dort wieder in die Freiheit.

Engagierte Schneckenspezialisten schlagen ob dieser gutgemeinten Aktionen die Hände über dem Kopf zusammen: Da ihrer Meinung nach hauptsächlich die eingewanderte Spanische Wegschnecke für die Kalamitäten der letzten Jahre verantwortlich ist, führt deren Freilassung in der Natur langfristig nur zu einer weiteren Verschärfung des Problems; eine »Faunenverfälschung« würde dadurch begünstigt, eine Verdrängung der heimischen Schneckenarten durch den Eindringling - und das ist den Biologen ein besonderer Dorn im Auge - beschleunigt.

Auf diese Weise ähnlichen Qualen ausgesetzt wie die geschädigten Gärtner, raten sie zu rabiaten Maßnahmen: Nur das Zerschneiden bzw. Zerstechen der Tiere mit Scheren und Messern sei dauerhaft wirksam. Viele Gärtner tun dies gleich am Fundort, ohne die Schnecke aufgreifen zu müssen. Dabei können sie sich meist darauf verlassen, daß die Überreste am nächsten Tag nicht mehr zu sehen sind, weil sie von Artgenossen vertilgt werden. Andernfalls kann man die Schneckenleichen zum abgelegenen Kompost bringen oder verscharren. Dieses Vorgehen dürfte bei zarteren Gemütern keine Sympathie finden.

65 *Als die »humanste« Tötungsmethode wird derzeit das Überbrühen mit kochendem Wasser gehandelt. Wenn das Wasser frisch vom Herd kommt, sind die Tiere binnen weniger Sekunden tot.*

Die früher weitverbreitete Gewohnheit, Schnecken mit Salz zu bestreuen, ist ziemlich »aus der Mode« gekommen, weil die Tiere unnötig qualvoll verenden. Dasselbe trifft zu, wenn die Schnecken in einer zugeschnürten Plastiktüte ersticken. Zur Tötung kann man die Tiere auch in hochprozentigen Alkohol werfen, aber dadurch wird nur die Entsorgungsfrage erschwert.

Guten Appetit?

Häufig taucht die Frage auf: Kann man diese Schnecken nicht einfach aufessen? Müssen schon bei den Weinbergschnecken einige Hemmschwellen überwunden werden, so hält die starke Ausschleimung der Nacktschnecken auch robustere Gemüter ab. Hinzu kommt: Die eingewanderte Spanische Wegschnecke schmeckt scheußlich bitter, wie ein engagierter und vor nichts zurückschreckender Schneckenspezialist herausgefunden hat.

Künstliche Schlupfwinkel anbieten

Weil man die Schnecken schwerlich in die Schlupfwinkel verfolgen kann, in die sie sich am Tage zurückziehen, bietet es sich an, ihnen einfach welche anzudienen. Von dem dann bekannten Versteck lassen sich die Tiere bequem tagsüber, am besten aber mit schöner Regelmäßigkeit am Morgen oder am Abend absammeln.

Dunkle Abdeckungen als Schlafplätze

66 An der Unterseite eines Holzbretts, das auch als Weg-befestigung zwischen die Beete gelegt werden kann, finden sich die Kriechtiere ebenso ein wie unter angefeuchteten Wellpappestreifen. Kopfüber aufgestellte Tontöpfe werden liebend gerne von ganzen Schnecken-Wohngemeinschaften angemietet.

Trittbretter zwischen den Beeten dienen als künstlicher Unterschlupf, der sich bequem absammeln läßt.

67 Wer organische Materialien bevorzugt, kann auch große Blätter, z.B. von Rhabarber oder Kohl ausle-gen, um die Schnecken darunter abzusammeln. Diese Materialien verrotten mit der Zeit von selbst.

68 Auf dem (zu beetnahen) Kompost kann man die Tiere von einer schwarzen Abdeckplane absammeln oder von kräftigen alten Stoffen, die ausgelegt werden.

69 *Auch wer alte Wegplatten oder Dachziegel zur Befestigung zwischen den Beeten auslegt, sollte diese gleichzeitig als Schneckenversteck betrachten und die Unterseite regelmäßig absammeln. Lochziegel allerdings sind ungünstig, weil sich die Schnecken unerreichbar in die Höhlungen zurückziehen und uns von dort aus die Reibezunge herausstrecken können.*

Vor Weihnachten auf Eiersuche

Wie schon in einem vorhergehenden Kapitel beschrieben (s. Seite 30), kann man durch richtige Bodenbearbeitung die Eiablage der Schnecken im Beet hintertreiben. Bei der Garten-

Eine V-förmige Erdspalte, die man mit Pflanzenabfällen abdeckt, soll Schnecken zur Eiablage anlocken.

arbeit gefundene Eier wird man zerquetschen oder durch Überbrühen vernichten. Häufig genügt es schon, sie offenzulegen und somit Freßfeinden und dem Frost auszusetzen. Außerdem besteht die Möglichkeit, Schnecken zur Eiablage anzulocken, um die Gelege zu zerstören und so die Vermehrung empfindlich beeinträchtigen zu können.

70 *Dazu sticht man mit dem Spaten zu Beginn der Eiablagezeit, also ab Herbst, eine V-förmige Erdspalte am Beetrand und deckt sie mit pflanzlichen Abfällen ab. Diese Kombination bietet vordergründig die besten Voraussetzungen für die Familienplanung einer Schnecke. Wenn der Gärtner nun deren Eier unter der Abdeckung findet, kommt er mit einem Kessel kochenden Wassers und überbrüht diese.*

Köder locken Schneckenmassen

Um die Schnecken von den gefährdeten Pflanzenlieblingen abzulenken, entschließen sich viele Gärtner, ihnen andere Pflanzen zu opfern. Das hat nicht nur den Effekt, daß die Schnecken abgelenkt sind; von dem Lockangebot lassen sich die Schnecken auch ohne lange Suche in großer Zahl absammeln.

Unwiderstehliche vegetarische Vorlieben

Natürlich wird man für diese Zwecke Pflanzenarten wählen, die für besondere Zuneigung der Schnecken bekannt und berüchtigt sind.

71 *Im Gemüsegarten sind offensichtlich Salat (im Frühjahr) und Chinakohl (gegen Herbst) die attraktivsten*

Studentenblumen sind bei Schnecken außerordentlich beliebt und eignen sich daher als Köderpflanzung.

Leckerbissen. Ein Randstreifen dieser Arten hält den Groß-teil der Schnecken vom übrigen Gemüse fern.

72 *Studentenblumen* (Tagetes) *ziehen die Kriechtiere wie magisch an. Da sie außerdem den Boden von Nema-toden entseuchen, sind sie hervorragend zur Randbepflan-zung im Nutzgarten geeignet.*

73 *Auch der Gelbsenf gehört zu den Lieblingsspeisen der Schnecken. Als Pflanzung bietet nur ein mehrere Me-ter breiter Streifen genügend Ablenkung. Abgemähter und gezielt ausgelegter Senf allerdings wirkt noch anziehender auf die Plagegeister als ein lebendiger Pflanzenbestand und eignet sich hervorragend als Köder zum Absammeln.*

Ausgelegte Köder

74 Jedes Häufchen abgeschnittener Grünpflanzen, beispielhaft sei der Löwenzahn genannt, wirkt sowohl als Futter wie auch als Schlupfwinkel attraktiv.

75 Kartoffelhälften oder -scheiben locken nicht nur Tausendfüßler zum Fraß, sondern auch Schnecken. Auch vom Geruch anderer Küchenabfälle (Orangenschalen!) werden sie angezogen.

76 Es hat sich herumgesprochen, daß die Schnecken an Weizenkleie und Hunde- bzw. Katzenfutter nicht vorbeikriechen können. Am wirkungsvollsten hat sich bei Versuchen (am Forschungsinstitut für biologischen Landbau, Oberwil/Schweiz) eine gut befeuchtete Mischung aus Weizenkleie mit einem kleineren Anteil von eingeweichtem Trockenfutter herausgestellt.

Aus Kleie und Katzenfutter läßt sich ein wirkungsvoller Köder herstellen, den man regelmäßig absammeln muß.

77 *Die Köder sollten in mehreren Metern Abstand wiederholt ausgelegt werden und jeweils in der Nähe von geschützten Zonen, damit sich die Schnecken nicht allzu weit hervorwagen müssen.*

78 *Köder immer wieder am selben Platz auslegen, weil ihn sich die Schnecken merken und so wieder erneut aufsuchen. Es hat sich außerdem bewährt, die Köderplätze mehrmals in der Nacht abzusammeln, denn die Tiere wechseln ständig ihren Standort.*

Achtung, die leckersten Köder ziehen durch ihren Geruch auch Schnecken aus größeren Entfernungen an! Deshalb müssen solche Lockangebote konsequent abgesammelt und mit anderen Abwehrmaßnahmen kombiniert werden.

Bierfallen sachgerecht einsetzen

Die letzte Aussage des vorhergehenden Abschnitts gilt auch für die Bierfallen, die vielerorts schon zum Synonym für die Schneckenbekämpfung geworden sind: Offensichtlich wirken Bier- und Alkoholdunst so unwiderstehlich, daß die Tiere selbst aus größeren Entfernungen angekrochen kommen, um die »Kneipenatmosphäre« zu genießen.

79 *Deshalb empfiehlt sich der Einsatz dieser Lockfallen nur in Kombination mit wirkungsvollen Umgrenzungen, am besten zum Abfangen innerhalb eines Schneckenzauns. Sonst nimmt die Zahl der Schnecken im Beet trotz der Fangerfolge eher zu als ab.*

80 *Das Prinzip der Bierfalle ist einfach: Man versenkt einen (Joghurt-)Becher oder ein kleines Glas in den*

Der Biergeruch wirkt auf Schnecken so anziehend, daß sie über größere Entfernungen herankriechen.

Boden, aber so, daß der Rand 1-2 cm herausschaut; andernfalls werden nämlich auch Laufkäfer und andere nützliche Bodenbewohner gefangen.

Dieses Gefäß wird mit Bier vollgeschenkt. Wem der edle Gerstensaft zu schade ist: Es tut auch Leichtbier oder Billigwein aus der Zweiliterflasche.

81 *Bis zum oberen Rand müssen einige Zentimeter Abstand bleiben, damit sich die Tiere tief genug hinein-*

beugen müssen. Unter Alkoholeinfluß sind sie dann nicht mehr in der Lage, der tödlichen Verlockung wieder zu entrinnen.

82 *Damit die Wirkung des Lockstoffs nicht verwässert wird, befestigen findige Gärtner per Draht ein Deckelchen über dem Gefäß, so daß es nicht hineinregnen kann.*

Behälter mit und ohne Dach kann man auch in Gartencentern fertig kaufen.

Die Behälter sollten regelmäßig entleert und dabei wieder nachgefüllt werden. Nach mehreren Tagen Standzeit wird es nämlich immer unappetitlicher, wenn sich die Schnecken im Alkohol auflösen. Bei Hitze kann die Brühe auch eintrocknen. Wenn der Kompost weit genug von den Beeten entfernt ist, kann man die Becher hier entleeren. Die Überreste werden dann von Artgenossen rückstandslos vertilgt. Ansonsten sucht man sich eine möglichst unzugängliche Gartenecke und verscharrt den Inhalt des Bechers notfalls ein wenig.

Eine einfache Lösung: In einen Crème-fraîche-Becher werden seitlich Zugänge ausgeschnitten, der Deckel dient als Dach gegen Verwässerung.

Vorbeugende Anbaumaßnahmen

Welche Pflanzen sind am meisten gefährdet?

Wohl fast jeder Gärtner hat schon die traurige Erfahrung gemacht, daß ohne Schneckenschutz die jungen Dahlientriebe im Frühjahr überhaupt nicht aus dem Boden kommen oder daß Salatsetzlinge gnadenlos zerfressen werden, während die Nachbarn im Beet nahezu unbehelligt gedeihen.

83 *Mindestens genauso wichtig wie die Pflanzenart ist das Wachstumsstadium. Perfiderweise haben es die Schnecken auf die Schutzlosesten abgesehen: auf verletzte und kränkelnde Pflanzen, vor allem aber auf die gerade aus der Erde aufkeimenden Sämlinge sowie auf frisch gesetzte Jungpflanzen.*

Die ersten Bissen nach einer Mangelperiode schmecken bekanntlich am köstlichsten. Und es gibt zweifellos kein zarteres, nahrhafteres und saftigeres Pflanzengewebe als Sämlinge. Aufgrund der langsamen Keimung der Doldenblütler gelingt es den Schnecken häufig, ganze Saatreihen von Möhren oder Dill lückenlos abzuraspeln, so daß man der Keimlinge nie ansichtig wird. Bohnen werden häufig schon vor der Keimung unterirdisch angeknabbert.

84 *Rote Sorten von Salat und anderen Gemüsearten werden von Schneckenaugen schlechter wahrgenommen und haben daher eine größere Überlebenschance.*

Rotblättrige Pflanzen werden von den Schnecken schlecht wahrgenommen und deshalb häufiger verschont.

Bei den Jungpflanzen-Setzlingen herrscht nach Vorstellung biologisch-dynamischer Gärtner ein Ungleichgewicht zwischen der teilweise zerstörten Wurzel und dem im Wachstum befindlichen oberirdischen Sproß, welches Parasiten wie die Schnecken anzieht. So braucht man sich nicht zu wundern, wenn bereits am nächsten Morgen von den Setzlingen nur noch Gerippe auf dem Beet stehen.

Besonders gefährdete Gemüse- und Obstarten

Alle Salate, Bohnen und Erbsen (Saatgut sowie Früchte), Chinakohl, Blumenkohl, alle anderen Kohlarten, Zucchini, Basilikum, Schnittlauch, Erdbeeren.
Keimlinge der Doldenblütler: Möhren, Petersilie, Sellerie.

Der Rittersporn gehört zu den am meisten gefährdeten Stauden, die man von vornherein beschützen sollte.

Optimale Bedingungen für den Pflanzennachwuchs

Die Keimung beschleunigen

Es lohnt sich, ergänzend zu den Schutzmaßnahmen die Startbedingungen der Sämlinge zu optimieren, damit sie möglichst rasch aus dem gefährdetsten Stadium herauswachsen.

85 *Bei der Pflanzenauswahl sollte man die Standorteigenschaften berücksichtigen und angepaßte Arten und Sorten bevorzugen. Die Faktoren Boden, Wärme, Licht und Wasser sind ausschlaggebend.*

86 *Viele Samen keimen rascher, wenn man sie vorquellen läßt. Dazu legt man sie zwischen zwei nasse Papiertücher. Häufig kann man schon am nächsten Morgen kleine Austriebe entdecken. Danach dürfen die Keimlinge allerdings keinesfalls mehr austrocknen. Bohnen- und Erbsensamen legt man am besten über Nacht in Wasser.*

Wichtig: Je wärmer, desto besser in der Regel der Keimerfolg. Deshalb wird man in jeder Weise die Erwärmung des Bodens fördern.

87 *Die Frühjahrs-Aussaat wird an einem möglichst sonnigen Plätzchen vorgenommen.*

88 *Lieber etwas später säen, anstatt sich schon von den ersten Sonnenstrahlen ans Saatbeet locken zu lassen.*

89 *Unter Vlies oder Folie sowie im Gewächshaus herrschen höhere, also für die Keimung förderlichere Temperaturen als in der ungeschützten Umgebung.*

Allerdings nisten sich die Schnecken auch gerne an den Fundamenten von Gewächshäusern und Frühbeeten ein.

90 *Wenn man die Saatrillen einige Tage vor der Aussaat anlegt und etwas (dunklen) Kompost hineinstreut, kann sich der Untergrund rascher erwärmen.*

91 *Natürlich müssen die Samen fachgerecht mit feinkörnigem Substrat überdeckt (außer bei Lichtkeimern),*

Wenn Samen langsam keimen wie beispielsweise die von Möhren (vorne), werden sie am leichtesten zum Schneckenopfer.

kräftig angedrückt (damit sie Bodenschluß bekommen) und
gut angegossen werden, und zwar mit feiner Brause: Da-
nach soll die Fläche möglichst eben sein, um den Schnecken
weder Unterschlupf noch Zugang zu den Samen zu bieten.

92 *Neben den Aussaatrillen kann man eine dünne Schicht*
kantiger, vorgetrockneter Pflanzenabfälle verteilen.

93 *Nach Regenfällen die Beetoberfläche rasch wieder*
glattrechen.

Richtig pflanzen

Durch das Versetzen aus dem Saatbeet an den endgültigen
Standort erleiden Jungpflanzen einen Schock: Bevor ans Wei-
terwachsen zu denken ist, müssen sie sich erst ein paar Tage
erholen. Schwächliche, gar verletzte Pflanzen aber üben eine
unheimliche Anziehungskraft auf Schnecken aus. Deshalb
benötigen sie in den ersten Wochen besonderen Beistand.

94 *Werden die Pflänzchen in geschützten Räumen*
vorkultiviert, so muß man sie rechtzeitig vor dem
Auspflanzen abhärten. Dazu sollte man an milden Tagen
wiederholt kräftig lüften, sie eventuell auch schon ins Freie
stellen, allerdings nicht direkt der Sonne aussetzen, weil
es sonst zu Verbrennungen kommt.

Bei zugekauften Pflänzchen ist man in dieser Hinsicht auf die
Auskünfte des Gärtners angewiesen.

95 *Außerdem ist es wichtig, gesunde, robuste Jungpflan-*
zen auszuwählen. Es empfiehlt sich, die größten,
gleichwohl kompaktesten Pflänzchen mit einer kräftigen

Grünfärbung auszuwählen - sie bieten die besten Vorausset-
zungen, um ihren Peinigern »davonzuwachsen«.

96 *Für die Wurzeln bedeutet das Auspflanzen immer
eine gewisse Verletzung. Aus diesem Grunde ist eine
Vorkultur zu bevorzugen, bei der ein intakter Wurzelballen
erhalten bleibt, zum Beispiel in Multitopf-Platten.*

97 *In Mischkulturbeeten sind die Jungpflanzen besser
aufgehoben als auf einem einheitlichen und unbe-
pflanzten Beet. In gegenseitig förderlichen Kombinationen
gedeihen sie besser, und eine fremde Umgebung kann die
Schnecken ablenken.*

Begleitschutz für die Schwächsten

Auch wenn man dem Pflanzennachwuchs die denkbar besten
Voraussetzungen geschaffen hat, empfiehlt es sich, noch
einen Schritt weiterzugehen: Auf kleinstem Raum lassen sich
die Schnecken von den Sämlingen besser fernhalten bzw. ablenken. Am sichersten ist ein dicht umzäuntes Beet.

98 *Ersatzweise kann man einzelne Pflänzchen oder Saat-
bereiche mit einer abweisenden Unterlage umringen.
Sägemehl, Gesteinsmehl, Kalk, Holzasche oder zerkleinerte
Eierschalen sind geeignete Materialien. Wie schon auf Seite
48 beschrieben, werden jedoch fast all diese Schutzringe
durch Nässe unwirksam.*

99 *Schneckengranulat hält die Tiere durch Gerüche
fern. Wenn man ihnen Gelbsenf, Salatblätter oder
zerkleinerte Küchenabfälle zum Fraß vorwirft (siehe Seite
64), so lenken diese Köder vom zarten Aufwuchs ab.*

Einzelne gefährdete Jungpflanzen kann man mit abweisenden Substanzen wie Gesteinsmehl umstreuen.

Am sichersten wirkt ein gezielt ausgestreutes, möglichst unschädliches Fraßgift (siehe Seite 85).

Diese Schutzmaßnahmen empfehlen sich z.B. auch für den jungen Austrieb von Dahlienknollen.

Eine möglichst zielgerichtete Wasserzufuhr ist gegenüber breitflächiger Beregnung zu bevorzugen.

Sachgerechte Pflege
Gezielt bewässern

Da der Wasserhaushalt zu den wichtigsten Lebensbedingungen der Schnecken gehört, kommt auch den Bewässerungsmaßnahmen des Gärtners eine große Bedeutung zu. Im Hinblick auf die Schnecken gilt ja: je trockener, desto geringer die Gefährdung. Aber auch die Pflanzen sind auf Wasser angewiesen, so daß durch gezielte Ausbringung ein Kompromiß erreicht werden muß.

Völlig falsch wäre es, am Ende jedes heißen Tages den Garten mit Sprengern breitflächig zu beregnen; auf diese Weise fänden die Schnecken die garantiert besten Bedingungen für ihre nächtlichen Aktivitäten. Deshalb:

100 *Nicht breitflächig beregnen, sondern möglichst gezielt an die Wurzeln der bedürftigen Pflanzen gießen.*

101 *Die Pflanzen lassen sich zu geringem Wasserverbrauch »erziehen«, wenn man von vornherein nur bei offensichtlichem Bedarf gießt, und nicht routine- und regelmäßig.*

102 *Seltenes, durchdringendes Gießen ist effektiver als häufiges Verabreichen kleiner Wassermengen und kommt den Schnecken weniger zupaß.*

103 *Wenn am Morgen bewässert wird, kann die Oberfläche des Bodens bis zum Abend wieder abtrocknen. Die Fortbewegung bereitet den Schnecken dann wesentlich mehr Mühe als auf einem abends angefeuchteten Untergrund.*

104 *Auch die Bewässerung kann als Ablenkung benutzt werden, indem man die weniger schützenswerten Randbereiche bewußt feuchter hält als die gefährdeten Beete.*

Andere Kulturmaßnahmen

Eine dichtbepflanzte Mischkultur wirkt mitunter anziehend auf Schnecken, weil hier der Boden dauerhaft beschattet ist und immer naheliegende Verstecke bietet.

105 *In Gewächshäusern erwachen nicht nur die Pflanzen, sondern auch die Schnecken jahreszeitlich früher zum Leben. Deshalb sind hier auch zeitiger Abwehrmaßnahmen zu ergreifen.*

106 *Besonders schützenswerten Blütenstielen kann man einen Kragen aus Karton verpassen, damit sie nicht erklimmt werden können.*

Die sachgerechte Bodenpflege und Düngung wurde bereits ab Seite 30 beschrieben.

107 *Wenn man Möhren und andere Wurzelgemüse möglichst spät erntet, lassen sich viele Eigelege finden, die dann zu vernichten sind. Außerdem sollte man den Boden umgehend wieder glätten.*

Durch gekonnte Kombination verschiedener Kulturmaßnahmen kann der Gärtner letztendlich doch über die Kriechtiere triumphieren und reiche Ernten erzielen.

Schneckengifte – Anwendung und ökologische Folgen

Die gängigen Präparate und ihre Wirkung

Bei allem Verständnis für die Leiden des schneckengeschädigten Gärtners: Chemisch hergestellte Giftstoffe sollten im Privatgarten nur als Ultima ratio eingesetzt werden. Denn die Gefahren und Nebenwirkungen für die Mitwelt stehen in der Regel in keinem günstigen Verhältnis zum Nutzen, wie auch den nachfolgenden Abschnitten zu entnehmen ist.

In unseren Gartenmärkten fand man bis vor kurzem – neben dem ungiftigen und nur abschreckend wirkenden Schneckengranulat – lediglich zwei schneckentötende Wirkstoffe: Metaldehyd und Methiocarb. Mittlerweile ist ein erfolgversprechender dritter Wirkstoff auf dem Markt; dazu am Ende des Kapitels. Sowohl Metaldehyd als auch Methiocarb wird bei uns als »Schneckenkorn« verkauft. Beide sind mit Kleie als Lockmittel angemischt. Ansonsten gibt es zwischen den beiden Wirkstoffen deutliche Unterschiede. Es empfiehlt sich, den Begleittext auf der Packung genau zu studieren, denn im Produktnamen wird der Wirkstoff nicht erwähnt.

108 *Beide Wirkstoffe dürfen auf einer Fläche nur zweimal jährlich ausgebracht werden. Methiocarb ist außerdem fischgiftig und darf nur bei einem Mindestabstand von 10 m zum nächsten Gewässer angewandt werden. Bis zur Ernte ist eine gesetzliche Wartezeit von 14 Tagen einzuhalten.*

Methiocarb (geläufiger Handelsname **Mesurol**) weist wie die meisten sogenannten Carbamate ein breites Wirkungsspektrum auf, das auch Insekten umfaßt. Bei diesem Wirkstoff liegt die Mortalitätsrate bei durchschnittlich 50 Prozent. In der Körnchenform wird das Mittel zwar kaum von anderen Organismen aufgenommen. Trotzdem wurde mehrfach übereinstimmend festgestellt, daß Methiocarb die Populationen sowohl der nützlichen Laufkäfer als auch der Regenwürmer stark schädigt, Metaldehyd dagegen kaum. Auch Sorgen um den Igel sind berechtigt: Wenn er eine größere Zahl von Schnecken vertilgt, die mit Methiocarb vergiftet sind, so kann er selbst Schaden davontragen.

Metaldehyd ist das weniger giftige Präparat. Leider läßt dessen Wirkung an unseren heimischen *Arion*-Arten zu wünschen übrig, vor allem bei feuchter Witterung und niedrigen Temperaturen. Trotzdem sind Haustiere und nicht zuletzt spielende Kinder gefährdet, vor allem bei Ausbringung in Häufchen.

Nicht immer befriedigend wirken beide Wirkstoffe bei der eingewanderten *Arion lusitanicus*, die in vielen Gärten vorherrscht: Offensichtlich bedeutet das verursachte Ausschlei-

Der Totenkopf signalisiert die Gefahrenklasse »giftig« (T) bis »sehr giftig« (T+), das Kreuzzeichen bedeutet »mindergiftig« (Xn) oder einfach »reizend« (Xi).

men für die stark schleimende Spanische Wegschnecke zwar eine Schwächung, die jedoch nur in einer beschränkten Zahl von Fällen tödlich wirkt.

Wenn Gifteinsatz – dann fachgerecht

In der Landwirtschaft streut man die Pellets breit aus. So sind sie für die Schnecken leicht aufzufinden. Allerdings wird bei Breitstreuung der Boden gleichmäßig mit dem Gift verseucht. Aus diesem Gesichtspunkt wäre im Garten zu bevorzugen, daß die Körnchen in überdachten Kunststoffunterlagen bzw. Bechern ausgelegt werden, wie sie im Fachhandel zu kaufen sind. Freilich erhöht diese Ausbringung auch die Vergiftungs-

Der Igel verzehrt zu unserem Nutzen Schnecken. Unglücklicherweise kann er sich dabei mit Mesurol-Schneckenkorn vergiften.

gefahr, weil Kinder oder Haustiere mühelos eine größere Menge aufnehmen könnten!

109 *Der optimale Zeitpunkt für den Einsatz ist der Abend vor einer feucht-warmen Nacht mit einem anschließend trocken-heißen Tag. Auf diese Weise werden die Schnecken nachts aus ihren Verstecken gelockt, sind aber am darauffolgenden, trockenen Tag geschwächt und können die Feuchtigkeitsverluste nicht von außen ausgleichen.*

Es empfiehlt sich, am Morgen nach dem Auslegen von Schneckenkorn auch noch die Tiere abzusammeln, die sich geschwächt in Richtung ihrer Schlupfwinkel schleppen, um dort unter Umständen wieder zu Kräften zu kommen.
Es soll noch einmal betont werden, daß aufgrund beschränkter Wirksamkeit bei gleichzeitiger Umweltschädigung der Einsatz des »alten« Schneckenkorns nicht empfohlen wird.

Ein relativ umweltfreundliches Schneckenkorn

Seit 1999 ist ein neues Schneckenkorn im Handel, das bei der Bekämpfung gute Erfolge zeigt und das Gewissen des umweltbewußten Gärtners weniger belastet: **Ferramol** nennt sich das Präparat der Firma Neudorff.

110 *Ferramol unterliegt weder einer Wartezeit noch einem Gefahrensymbol und kann auch in der Nähe von Gewässern angewandt werden. Sein Wirkstoff Eisen-III-Phosphat wird im Boden ohne schädliche Rückstände zu Eisen und Phosphat abgebaut. Nützliche Organismen wie Igel, Regenwürmer oder Insekten sind nicht gefährdet.*

Metaldehyd verursacht ein Ausschleimen, das die Tiere aber nicht immer tötet. Es empfiehlt sich nachträgliches Absammeln.

Nach Aufnahme der Körner beenden die Schnecken rasch die Fraßtätigkeit und ziehen sich in ihre Verstecke zurück, um dort zu verenden. Dabei schleimen die Tiere nicht aus – die Wirkung wird durch feuchte Witterung nicht beeinträchtigt. Auch die Pellets selbst sind regenfest: Sie zerfallen nicht, sondern quellen bei Feuchtigkeit auf und werden dadurch besonders attraktiv als Köder. Bei Trockenheit empfiehlt sich daher ein Überbrausen.

111 *Ferramol-Schneckenkorn kann von Hand ausgebracht werden, für Wegschnecken sind etwa 350 Körner pro Quadratmeter notwendig. Bei hohem Befallsdruck (Frühjahr!) sollte man mehrfach nachstreuen.*

Auch wenn Ferramol etwas schwächer wirkt als herkömmliche Schneckenkörner: Es ist im biologischen Anbau zugelassen und im Hobbygarten aufgrund der geringeren Gefährdung und Umweltschädigung deutlich zu bevorzugen.

Strategien für einen schneckenfreien Garten

Fünf Gartentypen

Um die Schneckenplage dauerhaft in den Griff zu bekommen, lohnt es sich, einen systematischen Schlachtplan zurechtzulegen. Für das Vorgehen sind mehrere Grundgerüste vorstellbar.

Der Garten mit Geflügelhaltung

Wer die räumlichen und zeitlichen Möglichkeiten zur Geflügelhaltung hat, der läßt Enten oder Hühner in einem »Laufstall« rund um den Nutzgarten patrouillieren (siehe Seite 24). Um den Innenbereich zu säubern, werden die Tiere im Herbst durch die abgeräumten Beete geschickt. Ergänzend kann man während der Vegetationsperiode die Schnecken mit Ködern oder Bierfallen absammeln. Ist der Innenbereich so erst einmal schneckenfrei, dann können die Plagegeister eigentlich nur noch durch Kompost und andere Neuzugänge eingeschleppt werden. Deshalb sollte der Kompost gut abgesiebt werden.

Der freigeräumte Garten

Alle potentiellen Schlupfwinkel im Bereich der gefährdeten Beete auszuschalten, ist nahezu unmöglich. Aber ein hoher Wirkungsgrad läßt sich schon erreichen, wenn man diese Bereiche mit breiten Wegen, kurzgeschorenem Rasen und anderen lebensfeindlichen Flächen umzingelt (siehe Seite 44). Dazu sollten auch keine dauerhaft dicht belaubten Stauden vorhanden sein. Läßt sich dieses Prinzip auf einer Seite nicht verwirklichen, so genügt es eventuell, hier eine Abwehrschranke anzubringen (siehe Seite 46 ff.). Die wenigen im Innenbereich verbleibenden Schnecken kann man leicht absammeln (siehe Seite 58). Durch Förderung eines garen Bodens und regelmäßiges Hacken wird verhindert, daß sich auf dem Beet schützende Bodenspalten bilden (siehe Seite 30).

Der naturnahe Garten

Der naturnahe Garten stellt in seiner Philosphie und optischen Erscheinung das Gegenteil des freigeräumten Gartens dar; die Wahl ist daher in erster Linie eine Stilfrage.
Im Naturgarten werden möglichst viele Lebensräume für potentielle Schneckenfeinde geschaffen. In Bereichen wie Feuchtbiotop, Trockenmauer und artenreichen Hecken aus heimischen Gehölzen finden Vögel, Igel, nützliche Insekten, Frösche und Kröte günstige Bedingungen (siehe Seite 20).

Naturnah oder freigeräumt - mit der richtigen Strategie bekommt man das Schneckenproblem in den Griff.

Allerdings fühlen sich auch die Schnecken in solchen vielfältigen Schlupfwinkeln äußerst wohl. Deshalb kann mit Hilfe der Nützlinge nur ein biologisches Gleichgewicht angestrebt werden, in dem die Schnecken nicht überhandnehmen; eine restlose Vertilgung der Schnecken ist auf naturgemäßem Wege nicht zu erreichen und auch gar nicht anzustreben.

Garten mit Schneckenzaun

In vielen kleinen Gärten ist nicht genug Platz, um ausreichend schneckenfeindliche oder nützlingsfördernde Räume einzuräumen oder gar Geflügel zu halten. In diesen Fällen bietet der Schneckenzaun, in Kombination mit begleitenden Maßnahmen, die erfolgversprechendsten Voraussetzungen (siehe Seite 53).
In erster Linie wird man den Gemüsegarten konsequent umgrenzen. Grundsätzlich besteht auch für Blumenbeete diese Möglichkeit. Allerdings wird man bei geringerem Gefährdungsgrad häufig aus optischen Gründen andere Maßnahmen bevorzugen, wie Umpflanzungen mit Kräutern oder Auslegen von Abwehrmitteln (siehe Seiten 46 ff.).

Pflanzenschutz in Handarbeit

Wer viel Zeit hat für Pflegearbeiten, der kann die Schnecken auch einfach durch regelmäßiges Absammeln von bekannten Schlupfwinkeln oder ausgelegten Ködern nachhaltig dezimieren (siehe Seite 61, 64). Wer dann noch die wichtigsten Vorbeugungsmaßnahmen bei Boden- und Pflanzenpflege einhält (siehe Seiten 30) und notfalls das neuartige Schneckenkorn (siehe Seite 85) einsetzt, der kommt auch ohne pflegebedürftige Laufenten oder kostspielige Schneckenzäune zu befriedigenden Ernten.

Kurzprogramm: Die wichtigsten Maßnahmen im Jahreslauf

- Im Frühjahr entfernt man die Mulchdecke, damit sich der Boden rascher erwärmt, und mit ihr einige Schnecken. In gefährdeten Lagen besser keine Gründüngung aussäen.

- Eine zeitige erste Bodenlockerung schreckt die Schnecken aus der Winterruhe. Mit der Bodenpflege wird besonders im Saatbeet ein feinkrümeliges Substrat angestrebt.

- Den Aussaaten und Anpflanzungen sollte man optimale Bedingungen schaffen, damit sie der Gefährdung rasch entwachsen. Die am meisten bedrohten Pflanzen schützt man durch Abwehrmittel oder Abgrenzungen.

- Notfalls Einsatz von Ferramol-Schneckenkorn.

- Innerhalb unzugänglicher Bereiche sammelt man die Schnecken mit Hilfe von Ködern, künstlichen Schlupfwinkeln und Bierfallen ab.

- Zwischen den Pflanzen wiederholt flächig lockern und hacken. Bodenunebenheiten rasch wieder glätten. Möglichst gezielte Bewässerungsmaßnahmen am Morgen.

- Bewuchs entlang des Schneckenzauns regelmäßig zurückschneiden. Außerdem auf Lücken überprüfen.

- Erst im Sommer dünne Mulchabdeckung aus vorgetrockneten Materialien aufbringen.

- Kompost bereits im Spätsommer neu aufsetzen, dabei unreife Bestandteile sowie verfrühte Schneckeneier absieben.

- Tiefe Bodenbearbeitung (umgraben) möglichst spät im Herbst vornehmen, nach der Eiablage.

- Im Herbst durch künstliche Erdspalten die Ablage von Eiern anlocken und diese durch Überbrühen abtöten.

Bezugsquellen

Verschiedenes

Neudorff
Postfach 1209
31857 Emmerthal
www.neudorff.de
(u.a. Beetsystem)

www.schneckenprofi.de
*(u.a. Limaxa-Schnecken-
zaun und -Gefäße)*

Andermatt Biogarten
Stahlermatten 6
CH-6146 Grossdietwil
www.biocontrol.ch

Schneckenzäune

Verschiedene Typen im
Gartencenter
(z. B. aus Zinkblech)

K+P Kostal Vertriebs
GmbH
Sedanstrasse 64
28201 Bremen
www.schnecken-
stop.com

Dipl.-Ing. Manfred
Dorsch
Hauptstraße 90
74740 Adelsheim-
Sennfeld
*(elektrischer Zaun
PlantGuard)*

Keller Biogarten und
Gesundheit
Konradstr. 17
79100 Freiburg
www.biokeller.de/
garten/schneckenzaun.
html
*(Bio-Fix und Ander-
matt)*

Naturrein
Georg Schweiger-Beck
Regensburger Str. 61
84061 Ergoldsbach
www.naturrein-
duenger.de
*(Bio-Schneckenzaun
aus Eierschalen,
Magnesiumsalzen
und Dextrin)*

Fa. G. Beckmann
Simoniusstr. 10
88239 Wangen
www.beckmann-kg.de
*(Zäune aus Maschen-
draht)*

Ing. Thomas Pfau
Juchstr. 27
CH-5436 Würenlos

Schneckenfallen

Bioplant Naturverfahren
Postfach 5532
78434 Konstanz
www.schneckenfalle.ch

Grünteam
Hofmark 13
82393 Iffeldorf
www.gruenteam-
versand.de

Abwehr-Präparate

Snoek GmbH
Tannenweg 153
27356 Rotenburg/
Wümme
OT Mulmshorn
www.snoek-
naturprodukte.de
(Schneckengranulat)

Sautter & Stepper
Rosenstr. 19
72119 Ammerbuch
www.nuetzlinge.de
(Nützlingspräparat)

Carlo Bernasconi AG
Hohlstrasse 444
CH-8048 Zürich
www.carloag.ch
*(Mulch »Cartalit« – in
Deutschland über Gar-
tengenossenschaften)*

Stichwortverzeichnis

**Bibliografische Information
Der Deutschen Bibliothek**
Die Deutsche Bibliothek ver-
zeichnet diese Publikation in der
Deutschen Nationalbibliografie;
detaillierte bibliografische Daten
sind in Internet über
http://dnb.ddb.de abrufbar

Siebte, durchgesehene Auflage,
Neuausgabe

BLV Buchverlag GmbH &
Co. KG
80797 München

Lektorat: Dr. Thomas Hagen
Herstellung und DTP: BLV

Umschlaggestaltung:
Anja Masuch, Fürstenfeldbruck
Umschlagbilder:
Vorderseite: Wolfgang Willner
Rückseite: Reinhard

Gedruckt auf chlorfrei ge-
bleichtem Papier

Printed in Germany ·
ISBN 978-3-8354-0345-1

Bildnachweis

Kretschmer: 22
Limbrunner: 7, 10, 14, 15, 17,
18 o
Pfletschinger/Angermayer: 2/3
(Einklinker), 12, 84
Redeleit: 37, 62, 77
Reinhard: 11, 18 u, 33 u, 45, 58
Schumann: 34
Speiser: 28
Sulzberger/Kopp: 33 o
Alle übrigen Aufnahmen
stammen vom Autor

Für die Gartenpraxis